Das dekoloniale Denken von Françoise Vergès ist intersektional. Vor dem Hintergrund des Weiterlebens der kolonialen Ideologie in den westlichen Gesellschaften kämpft es gegen Sexismus, Rassismus, Kapitalismus und Imperialismus. Es greift zurück auf die Bewegungen und Kämpfe der 1960er- und 1970er-Jahre, insbesondere auf den *Black feminism*, um an die utopische Kraft des Feminismus anzuknüpfen und an eine Einbildungskraft, die eine grundlegende Veränderung der Gesellschaft zu tragen vermag. Weil der weiße bürgerliche Feminismus sich dem Kapitalismus andient, ruft die Autorin eindringlich dazu auf, dem Feminismus aufs Neue den Atem einer Bewegung einzuflößen, die soziale Gerechtigkeit, Würde und Achtung zum Ziel hat und einer Politik des Todes eine Politik des Lebens entgegensetzt.

Françoise Vergès ist Professorin und Fachbereichsleiterin am Lehrstuhl „Global South(s)" des Collège d'études mondiales, Paris.

DEKOLONIALER FEMINISMUS

PASSAGEN THEMA

Françoise Vergès
Dekolonialer Feminismus

Aus dem Französischen von
Esther von der Osten

Passagen Thema
herausgegeben von
Peter Engelmann

Passagen Verlag

Deutsche Erstausgabe
Titel der Originalausgabe: *Un féminisme décolonial*
Aus dem Französischen von Esther von der Osten

Dieses Buch erscheint im Rahmen des Förderprogramms des französischen Außenministeriums, vertreten durch die Kulturabteilung der französischen Botschaft in Berlin.

INSTITUT FRANÇAIS
DEUTSCHLAND

Die Deutsche Nationalbibliothek verzeichnet diese Publikation in der Deutschen Nationalbibliografie; detaillierte bibliografische Daten sind im Internet über http://dnb.dnb.de/ abrufbar.

ISBN 978-3-7092-0428-3

Grafisches Konzept: Gregor Eichinger
Satz: Passagen Verlag Ges. m. b. H., Wien
http://www.passagen.at
Druck: Ferdinand Berger & Söhne GmbH, 3580 Horn

Inhalt

Wenn wir die Frauen haben, wird der Rest folgen.

Frantz Fanon[1]

Aber ausgesprochener und in Handlung umgesetzter Ärger im Sinne unserer Visionen und unserer Zukunft ist ein befreiender, stärkender Akt der Klärung. Erst in dem schmerzvollen Prozeß dieser Umsetzung nämlich erkennen wir unsere Verbündeten – mit denen wir ernste Differenzen auszutragen haben – und unsere wahren Feind*innen.

Audre Lorde[2]

Unsichtbar „öffnen sie die Stadt“

Nach vierzig Tagen Streik erringen im Januar 2018 rassifizierte Frauen, die am Pariser Bahnhof Gare du Nord arbeiten, den Sieg im Kampf gegen ihren Arbeitgeber, das Reinigungsunternehmen Onet, das als Subunternehmer für die französische Bahngesellschaft SNCF beschäftigt.[3] Diese Arbeiterinnen sind Teil einer rassifizierten und in großer Mehrheit weiblichen Arbeitskraft, die unterqualifizierte und also unterbezahlte Berufe ausübt. Sie arbeiten auf Kosten ihrer Gesundheit, meist in Teilzeit, am frühen Morgen oder abends, wenn die Büros, Krankenhäuser, Universitäten, Geschäftszentren, Flughäfen und Bahnhöfe sich geleert haben, und in Hotelzimmern, wenn die Gäste fort sind. Die Reinigung der Welt ist das tägliche, unermüdliche Schaffen von Milliarden von Frauen. Ohne ihre Arbeit könnten Millionen Angestellte und Akteure aus Kapital, Staat, Armee, Kunst-, Kultur- und Wissenschaftseinrichtungen ihre Büros nicht einnehmen, könnten nicht in ihren Kantinen essen, ihre Veranstaltungen nicht abhalten, ihre Entscheidungen nicht in sauberen Räumen treffen, deren Papierkörbe, Tische, Stühle, Sessel, Böden, Toiletten, Restaurants gereinigt und ihnen zur Verfügung gestellt wurden. Diese Arbeit, die für das Funktionieren der Gesellschaft *unverzichtbar* ist, muss *unsichtbar* bleiben. Uns soll nicht bewusst werden, dass die Welt, in der wir uns bewegen, von rassifizierten und überausgebeuteten Frauen saubergemacht wird. Einerseits wird diese Arbeit dem zugeordnet, was Frauen seit Jahrhunderten (ohne sich zu beklagen) vollbringen müssen – die weibliche Arbeit der Pflege und des Saubermachens ist eine unentgeltliche Arbeit. Andererseits fabriziert der Kapitalismus unweigerlich unsichtbare Arbeit und wegwerfbare Leben. Die Reinigungsindustrie ist eine gesundheitsgefährdende Industrie, und zwar überall und für alle, die darin arbeiten. Auf diesen prekarisierten Leben, die die Körper verschleißen, auf diesen in Gefahr gebrachten Leben ruht bequem das Leben der mittleren Klassen und die Welt der Mächtigen.

Der Sieg der Arbeiterinnen der Gare du Nord ist bedeutend, weil er Licht auf die Existenz einer Industrie wirft, in der Rassialisierung, Feminisierung, Ausbeutung und Gefährdung der Gesundheit, Unsichtbarkeit, Unterqualifizierung, niedrige Einkommen, Gewalt und sexuelle und sexistische Belästigung zusammengehen. Was jedoch im Januar 2018 auf den Titelseiten der Medien in Frankreich und anderswo prangt, was Debatten und Kontroversen, Petitionen und Gegenpetitionen auf den Plan ruft, ist eine Stellungnahme, unterzeichnet von einem Kollektiv von hundert Frauen, darunter Catherine Millet, Ingrid Caven und Catherine Deneuve, die den „Männerhass" im Feminismus anprangert.[4] Die Unterzeichnerinnen geißeln die Kampagnen #Balancetonporc und #Metoo – in denen Frauen Männer anzeigen, die sie sexuell belästigt haben – und beschuldigen sie, eine „Denunziationskampagne" mit „Schnelljustiz" zu führen: Männer sollen „sanktioniert oder beruflich zum Rückzug gezwungen worden sein, obschon ihr einziges

Vergehen darin bestand, ein Knie berührt, einen Kuss gestohlen oder während eines beruflichen Dinners über Intimes gesprochen zu haben oder einer Frau eine Botschaft mit sexuellem Inhalt geschickt zu haben, obwohl die Anziehung nicht auf Gegenseitigkeit beruhte". Sie sprechen von einer „Säuberungswelle".[5] Dass diese Stellungnahme Aufmerksamkeit erlangte, erstaunt nicht weiter. Das bequeme Leben der bürgerlichen Frauen in der Welt ist möglich, weil Millionen von ausgebeuteten und rassifizierten Frauen diesen Komfort unterhalten, indem sie ihre Kleider fabrizieren, ihre Häuser und die Büros, in denen sie arbeiten, reinigen, sich um ihre Kinder kümmern, sich der sexuellen Bedürfnisse ihrer Ehemänner, Brüder, Gefährten annehmen. Sie können also in aller Seelenruhe darüber diskutieren, ob frau denn mit oder ohne guten Grund in der U-Bahn „belästigt" wird, oder danach streben, Chefin eines großen Unternehmens zu werden. Natürlich profitieren auch Männer von der Nord-Süd-Spaltung, und andere Männer wiederum werden dazu gebracht, diese aufrechtzuerhalten. Aber ich beharre deshalb so auf der Rolle der Frauen des globalen Südens in dieser Organisation der Welt, weil ich hervorheben will, dass jener Rolle in der Kritik des Rassenkapitalismus und des Heteropatriarchats ein revolutionäres Potenzial eignet.

I. Ein Lager definieren: Dekolonialer Feminismus

Die Wende, die den von rechten Ideologien lange geschmähten Feminismus auf einmal zu einer Speerspitze dieser Ideologien macht, ist eine Analyse wert. Was hat es mit dieser ideologischen Mobilisierung auf sich? Wie kam es zu dieser Verschiebung? Wie gelangten wir von einem Feminismus, der sich gegenüber der Frage nach Rassismus und Kolonialismus in der französischsprachigen Welt ambivalent oder gleichgültig verhielt, zu einem weißen, imperialistischen Feminismus? Was genau bezeichnet das Wort Femonationalismus? Wie wurde der Feminismus zu einer Säule, die in bemerkenswerter Konvergenz gleich mehrere einander auf den ersten Blick widersprechende Ideologien stützt, nämlich die liberale, die nationalistisch-fremdenfeindliche und die rechtsradikale Ideologie? Wie konnten Staat und Imperialismus sich die Frauenrechte auf die Fahne schreiben, wie konnte sie der Neoliberalismus sich als letztes Mittel erschließen und wie wurden sie zum Zugpferd der Zivilisationsmission eines weißen, bürgerlichen Feminismus? Dieser Feminismus bildet durchaus keine Interessengemeinschaft mit fremdenfeindlichen nationalistischen Strömungen, aber es gibt *Konvergenzpunkte* zwischen ihnen, und genau die interessieren uns hier.[6]

Dieses Buch situiert sich in Weiterführung der kritischen Schriften von Feministinnen des globalen Südens und ihren Verbündeten im Norden zu den Themen Gender, Feminismus, Frauenkämpfe und Kritik eines Feminismus, den ich zivilisatorisch nenne, weil er es sich zur Mission gemacht hat, im Namen einer Ideologie der Frauenrechte ein einziges Denken durchzusetzen, das dazu beiträgt, die Beherrschung gemäß den Kriterien von Klasse, Geschlecht und „Rasse" aufrechtzuerhalten. Ich vertrete hier einen dekolonialen Feminismus, dessen Ziel es ist, Rassismus, Kapitalismus und Imperialismus zu zerstören. Diesem Programm will ich eine konkrete Dimension zu geben versuchen.

„Feminismus ist weit mehr als nur Geschlechtergleichheit und er geht weit über die Genderfrage hinaus",[7] ruft Angela Davis uns in Erinnerung. Er geht auch über die Kategorie „Frauen" hinaus, die auf biologischem Determinismus fußt, und verleiht dem Begriff der Frauenrechte wieder eine radikale politische Dimension: Es gilt, die Herausforderungen für eine Menschheit anzunehmen, die zu verschwinden droht. Ich stelle mich gegen eine Zeitlichkeit, die Befreiung bloß als einseitigen „Sieg" über die Reaktion beschreibt. Eine solche Perspektive legt eine „ungeheure Herablassung der Nachwelt"[8] gegenüber den Besiegten an den Tag. Diese Geschichtsschreibung erzählt die Kämpfe der Unterdrückten als eine Folge von Niederlagen und zwingt ihnen eine Linearität auf, in der jeder Rückschritt bloß als Beweis dafür erfahren wird, dass der Kampf falsch geführt wurde (was natürlich möglich ist), anstatt darin vielmehr die Entschlossenheit reaktionärer und imperialistischer Kräfte zu erkennen, jede abweichende Meinung zu vernichten. Davon erzählen die Kampflieder – Negro spirituals, Revolutionslieder, Gospels, Lieder der Sklaven, der Kolonisierten: vom langen Weg zur Freiheit, vom fortwährenden Kampf, von der Revolution als täglicher Arbeit. In dieser Zeitlichkeit verorte ich den Feminismus dekolonialer Politik.

Sich noch auf den Feminismus berufen

Die Bezeichnung „Feministin“ ist nicht immer leicht zu tragen. Der Verrat, den der westliche Feminismus beging, ist genauso abstoßend wie sein enttäuschendes Gieren danach, Teil der kapitalistischen Welt zu werden und seinen Platz in der Welt der Raubtiermenschen zu haben, wie seine Besessenheit von der Sexualität rassifizierter Männer und von der Viktimisierung rassifizierter Frauen. Warum soll man sich Feministin nennen, warum den Feminismus verteidigen, wenn diese Begriffe so verwässert sind, dass selbst die extreme Rechte sie sich zu eigen machen kann? Was ist zu tun, wenn die Worte „feministisch“ und „Feminismus“, die vor zehn Jahren noch radikales Potenzial bargen und als Beleidigungen verwendet wurden, jetzt zum Arsenal der modernisierungsbestrebten neoliberalen Rechten gehören? Wenn in Frankreich eine Ministerin eine „Universität des Feminismus“ auf die Beine stellen kann, wo ein überwiegend weibliches Publikum, das sich als feministisch versteht, eine verschleierte junge Frau ausbuht, um sich dann aber von einem Mann eine 25minütige Lektion erteilen zu lassen (auf Twitter wurde tapfer protestiert[9])? Um welchen Feminismus geht es, wenn er zu einem Befriedungsunternehmen wird? Wenn Feministinnen und Feminismus im Dienste von Kapital, Staat und Empire stehen, ist es dann noch möglich, ihm wieder den Atem einer Bewegung einzuhauchen, die

Ziele wie soziale Gerechtigkeit, Würde, Respekt, Politik des Lebens gegen die Politik des Todes verfolgt? Aber müssen wir den Feminismus nicht auch gegen den Ansturm von Kräften verteidigen, die dem Faschismus das Tor öffnen wollen? Wenn Vergewaltigung und Mord zu Meisterwaffen geworden sind, um Frauen zu disziplinieren? Wenn nicht einmal das Faktum, eine blonde Frau, Mutter einer Familie und mit einem Mann verheiratet zu sein, einen Professorinnenposten an der Universität zu haben und alle Achtbarkeitsnormen der weißen Mittelschicht in den Vereinigten Staaten zu erfüllen, vor entfesseltem Hass schützt, wie bei der Anhörung von Christine Blasey Ford im Rahmen der Debatten über die Nominierung von Brett Kavanaugh an den Obersten Gerichtshof zu sehen war? Oder wenn Regierungen auf der ganzen Welt den Feminismus zur antinationalen, der „Kultur der Nation“ fremden Ideologie erklären, um die Frauen besser unterdrücken zu können. Lange Zeit habe ich mich nicht Feministin genannt, sondern antikoloniale und antirassistische Aktivistin in den Befreiungsbewegungen der Frauen. Was mich dazu gebracht hat, mich als Feministin zu bezeichnen, war zum einen das Aufkommen eines dekolonialen politischen Feminismus, der umfassend, transnational und pluralistisch war, und zum anderen die Vereinnahmung der Frauenkämpfe durch den zivilisatorischen Feminismus.

Ein antikolonialer Werdegang

Die Biographie erklärt nicht alles und ziemlich oft ohnehin nicht viel, aber einem Buch über den Feminismus bin ich es wohl schuldig, etwas über meinen eigenen Werdegang zu sagen – nicht, weil er beispielhaft wäre, sondern weil die Frauenkämpfe darin eine große Rolle gespielt haben. Mehrere Jahre lang war ich Aktivistin in den Gruppen des MLF (Mouvement de libération des femmes); diese Kämpfe waren stets mit dem Projekt einer umfassenderen Befreiung verbunden – in diesem Fall, in meiner Erfahrung, war es die Befreiung vom französischen Kolonialismus in seiner Gestalt nach 1962. Die Grundlage, auf der mein Interesse, meine Neugier und mein Engagement für die Emanzipationskämpfe sich herausbildeten, liegt in der politischen und kulturellen Bildung, die ich auf der Insel La Réunion genoss. Für das kleine Mädchen, das ich war und das in einem Kontext aufwuchs, in dem Schule, Medien, kulturelle Aktivitäten allesamt der französischen kolonialen Ordnung in ihrer Gestalt nach 1962 unterlagen, war diese Erfahrung außergewöhnlich transnational. Lange Zeit habe ich mich nicht als feministische Aktivistin bezeichnet, sondern als „Aktivistin für die Befreiung der Frauen". Ich hatte das Privileg, in einer feministischen und antikolonialen kommunistischen Familie aufzuwachsen, umgeben von Aktivist*innen unterschiedlichster Herkunft und sozialer Klasse und jederlei Geschlechts, die mich darüber aufgeklärt haben, was Kampf und Solidarität, was die Freude und die Fröhlichkeit sind, die mit dem kollektiven Kampf einhergehen. Als Teenager hing ich einer Form von Idealismus an, die keine Niederlage verkraftet, bis die Antwort meiner Eltern mich wieder auf den Boden der Tatsachen zurückbrachte: „Das sind brutale Leute, Faschisten, Halunken, von denen darf man nichts erwarten. Sie achten keinerlei Recht und schon gar nicht unser

Daseinsrecht." Nichts Defätistisches lag in diesen Bemerkungen, die vielmehr eine Lektion über eine andere Zeitlichkeit der Kämpfe erteilten: Die Bilder vom Sturm auf den Winterpalast, vom Einzug der Truppen Castros in Havanna, der Truppen der Nationalen Befreiungsarmee in Algier waren großartige Bilder, sie konnten die Einbildungskraft beflügeln, doch wer bei ihnen haltmachen wollte, riskierte ein entzaubertes Erwachen. Morgen würde der Kampf weitergehen. Ich habe auch früh gelernt, dass der Staat, wenn er eine Bewegung zerschlagen will, auf alle Mittel und Möglichkeiten zurückgreift, die ihm zur Verfügung stehen, um die, die er unterdrücken will, einerseits niederzuzwingen, andererseits zu spalten. Mit der einen Hand schlägt er zu, mit der anderen versucht er zu assimilieren. Angst ist eine seiner Lieblingswaffen, um Konformität und Zustimmung zu erzeugen. Ich habe sehr bald begriffen, welcher Preis zu zahlen ist, will man der Anweisung entgehen, die da sagt: „Fall nicht auf und protestiere nicht zu laut, dann bekommst du keinen Ärger." Die Debré-Verordnung stellte dies 1960 unter Beweis: Sie schickte dreizehn antikolonialistische Aktivisten ins Exil, darunter Gewerkschaftsführer, und gab damit die klare Botschaft aus, dass jede abweichende Stimme bestraft werden würde.[10] Der Historiker Prosper Ève aus La Réunion sprach von der *Insel der Angst*, um zu analysieren, wie die Sklaverei, deren Nachleben und dann das Postkoloniale bis in die 1960er Jahre das Verbreiten von Angst als Disziplinierungstechnik eingesetzt haben.[11] Sicherlich, Angst zu verbreiten ist nicht allein dem Kolonialsystem vorbehalten, aber die koloniale Sklaverei, vergessen wir das nicht, basierte darauf, einen Menschen, der qua Gesetz in einen Gegenstand verwandelt war, der ständigen Bedrohung durch Folter und Tod auszusetzen und seine Tötung zum öffentlichen Schauspiel zu machen. Ich habe auch gelernt, dass man die Gesetze des Staates gegen ihn verwenden muss, aber ohne Illusionen und ohne Idealismus, so wie es die Sklavinnen begriffen hatten, die die gesetzliche Anerkennung des Freigelassenen-Status erkämpften, den sie an ihre Kinder weitergaben,[12] oder die Kolonisierten, die dem Kolonialstaat seine eigenen Gesetze entgegenhielten (Pressefreiheit, Versammlungsfreiheit, Wahlrecht …). Diese Strategie war nie die einzige und ging stets mit einer Kritik am Staat und seinen Institutionen einher. Die Kämpfe werden auf zahlreichen Gebieten ausgetragen und zielen mit ihren Anliegen auf unterschiedliche Zeitlichkeiten. Die Existenz einer ungeheuer weiten Welt, in der Widerstand aller Arten und die Weigerung, sich zu unterwerfen, einer ungerechten Weltordnung die Stirn bieten, war Teil des Weltverständnisses, das mir übermittelt worden ist. Ich brauchte also nicht erst in Frankreich anzukommen oder zur Universität zu gehen, um zu erkennen, wie Kapitalismus, Rassismus, Sexismus und Imperialismus Hand in Hand gehen, und dem antikolonialen und antirassistischen Feminismus bin ich nicht bei der Lektüre von Simone de Beauvoir begegnet: Er umgab mich von Kindesbeinen an.

Die falsche Unschuld des weißen Feminismus

Laut Frantz Fanon ist „Europa buchstäblich die Schöpfung der Dritten Welt“, denn es wurde auf der Ausplünderung der Reichtümer der Welt gebaut, weshalb

„der Reichtum der imperialistischen Länder auch unser Reichtum" ist.[13] In Anlehnung daran kann ich sagen, dass Frankreich buchstäblich eine Schöpfung seines Kolonialreiches ist und der Norden eine Schöpfung des Südens. Ich bin daher immer noch überrascht, wie stur und beharrlich Sklaverei, Kolonialismus und die „Übersee"-Länder in Analysen des heutigen Frankreichs und der Politik seiner aufeinander folgenden Regierungen seit den 1950er Jahren vergessen werden. Noch weniger als das Kolonialreich zählen die „Übersee"-Länder zur zeitgenössischen Geschichte: Kein Text zu den politischen Fragen, mögen sie nun philosophisch, wirtschaftlich oder soziologisch angegangen werden, interessiert sich dafür, was dort vom französischen Kolonialreich noch weiterlebt. Etwas darin rührt von einem Willen, diese Völker und ihre Länder aus der Analyse der Konflikte, Widersprüche und Widerstände auszulöschen. Was bezweckt eine solche Verdrängung, wenn nicht die Aufrechterhaltung der Idee, dass all dies – Sklaverei, Kolonialismus, Imperialismus – zwar geschehen ist, sicherlich, aber immer noch *außerhalb* dessen, was Frankreich ausmacht? Damit spielt man die Verbindungen zwischen Kapitalismus und Rassismus, zwischen Sexismus und Rassismus herunter und bewahrt eine französische Unschuld. Und so übt sich der französische Feminismus in Zurückhaltung gegenüber dem Erbe von Kolonialismus und Sklaverei. Es sieht aus, als sollte man glauben, dass Frauen, wenn sie Opfer der männlichen Herrschaft sind, in Hinblick auf die Politik, die der französische Staat verfolgt, keine Verantwortung trügen.

Feminismus als Kampf um das Daseinsrecht

Wer sich heute als dekoloniale Feministin bezeichnet und Feminismen dekolonialer Politik vertritt, entreißt das Wort „Feminismus" nicht nur den gierigen Händen der Reaktion, der es an Ideologien gebricht. Sondern wir bekräftigen damit auch unsere Treue und Loyalität gegenüber den Kämpfen von Frauen im globalen Süden, die uns vorausgegangen sind. Es heißt, ihre Opfer anzuerkennen, ihr Leben in all seiner Komplexität zu ehren, die Risiken, die sie eingegangen sind, ihr Zögern und ihre Entmutigungen, es heißt, ihr Erbe anzutreten. Andererseits heißt es anzuerkennen, dass die Offensive gegen Frauen, die inzwischen von Regierenden öffentlich gerechtfertigt und eingefordert wird, nicht nur Ausdruck einer ungehemmten maskulinistischen Dominanz ist, sondern eine Manifestation der zerstörerischen Gewalt, die der Kapitalismus erzeugt. Der dekoloniale Feminismus entpatriarchisiert die revolutionären Kämpfe. Anders gesagt, die Feminismen dekolonialer Politik tragen zu dem Kampf bei, den ein Teil der Menschheit seit Jahrhunderten führt, um sein *Daseinsrecht* zu behaupten.

Die Feminismen dekolonialer Politik[14]

Eine der prägenden Erscheinungen dieses beginnenden 21. Jahrhunderts ist die Bewegung von Feminismen dekolonialer Politik, die sich auf der ganzen Welt seit mehreren Jahren zunehmend durchsetzt. Diese Strömung hat eine Vielzahl von Praktiken, Erfahrungen und Theorien entwickelt; ganz besonders ermutigend und einfallsreich sind lokale Bewegungen, die die Themen transversal und intersektionell angehen. Diese Bewegung stößt, wenig überraschend, auf heftige Reaktionen von heteropatriarchaler Seite, von Feminist*innen des Nordens und von Regierungen. Sie hat sich im globalen Süden entwickelt und reaktiviert das Gedächtnis früherer feministischer Kämpfe, die nie verloren wurden, weil sie, trotz schrecklicher Gegenangriffe, nie aufgegeben wurden. Zusammen mit Feminist*innen in Spanien, Frankreich oder den Vereinigten Staaten, die sich ihnen anschließen, ziehen die Teilbewegungen, aus denen sie sich zusammensetzt, in Argentinien, Indien, Mexiko und Palästina mit riesigen Demonstrationen in den Krieg gegen Rassismus und Sexismus, Kapitalismus und Imperialismus. Ihre Aktivist*innen prangern Vergewaltigung und Frauenmord an und verbinden diesen Kampf mit den Kämpfen gegen Politiken der Enteignung, gegen Kolonisierung, Extraktivismus und die systematische Zerstörung des Lebendigen. Es ist weder eine „neue Welle" noch eine „neue Generation", wie die gängigen Formeln lauten, auf die man das vielfältige Leben der Frauenbewegungen reduziert. Sondern es ist eine neue Etappe im Prozess der Dekolonisierung, der, wie wir wissen, ein langer geschichtlicher Prozess ist. Diese beiden Formeln – Welle und Generation – tragen dazu bei, die lange unterirdische Arbeit verschwinden zu lassen, die eine Wiedergeburt vergessener Traditionen möglich macht, und sie verschleiern eben die Tatsache, dass jene Strömungen verschüttet und begraben wurden. Überdies geben die beiden Metaphern die historische Verantwortung an ein physikalisches („Welle") oder ein demographisches Phänomen („Generation") ab. Die Feminismen dekolonialer Politik lehnen diese segmentierenden Formeln ab, weil sie sich auf die lange Geschichte der Kämpfe ihrer Vorfahrinnen stützen, autochthone Frauen während der Kolonisation, zu Sklavinnen gemachte Frauen, schwarze Frauen, Frauen in den nationalen Befreiungskämpfen und in den Kämpfen des feministischen subalternen Internationalismus in den 1950er–1970er Jahren und rassifizierte Frauen, die heute tagtäglich kämpfen.

Die feministischen Bewegungen dekolonialer Politik sehen sich, zusammen mit den anderen dekolonialen Bewegungen und allen Emanzipationsbewegungen, einer Periode der Beschleunigung des Kapitalismus gegenüber, der fortan die Funktionsweise der Demokratien steuert. Sie müssen Alternativen zum ökonomischen Absolutismus, zur unendlichen Herstellung von Waren finden. Unsere Kämpfe stellen eine Bedrohung für die autoritären Regimes dar, die mit dem ökonomischen Absolutismus des Kapitalismus einhergehen. Sie bedrohen auch die maskulinistische Vorherrschaft, die mit Schrecken sieht, dass sie auf ihre Macht verzichten soll – und die ihre Nähe zu faschistoiden Kräften allerorten unter Beweis stellt. Sie erschüttern auch den zivilisatorischen Feminismus, der aus den Frauenrechten eine Ideologie der Assimilierung und Integration in die neoliberale Ordnung gemacht hat und die revolutionären Bestrebungen der Frauen auf die Forderung reduziert, dass die Privilegien, die die weiße Vorherrschaft den weißen Männern gewährt, 50/50 mit ihnen geteilt werden. In aktiver Komplizenschaft mit der rassenkapitalistischen Ordnung unterstützen die zivilisatorischen Feministinnen ohne Zaudern Politiken imperialistischer Intervention, sowie islamophobe oder schwarzenfeindliche Politiken.

Der Einsatz ist hoch und die Gefahr schrecklich. Es geht darum, sich dem autoritären Nationalismus und dem Neofaschismus entgegenzustellen, für den rassifizierte Feministinnen niederzuschlagende Feinde sind. Und die westliche Demokratie wird nicht länger so tun, als schütze sie uns, wenn die Interessen des Kapitalismus wirklich bedroht sind. Der kapitalistische Absolutismus bringt allen Regimes Wohlwollen entgegen, die ihm erlauben, seine Regeln und Methoden durchzusetzen, noch nicht kolonisierte Räume zu erschließen, und ihm Zugang zum Besitz von Wasser, Luft und Land verschaffen.

Der Aufstieg reaktionärer Kräfte aller Art macht eines deutlich: Ein Feminismus, der nur für die Gleichstellung der Geschlechter kämpft und nicht sehen will, in welchem Maße die Integration in Kauf nimmt, dass rassifizierte Frauen Brutalität und Gewalt erleiden, Vergewaltigung und Mord ausgeliefert sind, macht sich letztlich der Komplizenschaft schuldig. Das ist die Lektion, die wir aus der brasilianischen Präsidentschaftswahl lernen müssen, die im Oktober 2018 mit Unterstützung der Großgrundbesitzer, der Geschäftswelt und der evangelikalen Kirchen einen weißen Mann an die Macht brachte, der sich offen zu seinem Hass auf Frauen, Homosexuelle und *S*chwarze[15] und zu seiner Verachtung indigener Völker bekannte, der keinen Hehl daraus machte, dass er bereit war, Brasilien an den Meistbietenden zu verkaufen, die Sozialgesetze für die ärmsten Schichten und die Gesetze zum Schutz der Natur mit Füßen zu treten, und der ankündigte, die mit den indigenen Völkern unterzeichneten Abkommen zu widerrufen, und all dies nur wenige Monate nach der Ermordung der queeren schwarzen Stadträtin Marielle Franco. Wie begrenzt ein Ansatz ist, der rein auf Geschlechtergleichheit setzt, wird deutlich, wenn autoritäre Rechtsparteien und Rechtsextremisten Frauen an ihre Spitze oder zur Strippenzieherin wählen – Sarah Palin, Marine Le Pen, Giorgia Meloni …

Kritik an Epistemiziden

In Fernando Solanas' schönem Film *La Hora de los Hornos* (*Die Stunde der Hochöfen,* 1968) erscheinen auf dem Bildschirm die Worte: „Der Preis, den wir für unsere Vermenschlichung zahlen" (*The price we pay to be humanized*). In der Tat, der zu zahlende Preis war und ist hoch. Das System, gegen das wir kämpfen, hat wissenschaftliche Erkenntnisse, Ästhetiken und ganze Kategorien menschlicher Wesen zur Nichtexistenz verdammt. Dieser europäischen Welt ist es nie gelungen, hegemonial zu sein, allerdings hat sie sich ohne Zaudern und ohne Scham Wissen, Ästhetiken, Techniken und Philosophien von Völkern angeeignet, die sie versklavte und deren Kultur und Zivilisation sie leugnete. Unser Kampf stellt sich entschieden gegen die Politik des gerechtfertigten, legitimierten Diebstahls, die unter der unerschütterlichen Ägide einer zivilisatorischen Mission praktiziert wird. Ohne die komplexen Zusammenhänge und Widersprüche der Jahrhunderte von europäischem Kolonialismus zu leugnen, oder das, was seinen Überwachungstechniken entgangen ist, und auch ohne die Techniken der Entlehnung oder Entwendung seitens der Kolonisierten in den Schatten stellen zu wollen – es fehlen noch vertiefte Kenntnisse zum Süd-Süd-Austausch (auf kultureller, technischer und wissenschaftlicher Ebene), was zum großen Teil an den Politiken der Forschungsförderung liegt. Es ist ein Kampf für epistemische Gerechtigkeit, mit anderen Worten ein Kampf, der die Gleichberechtigung zwischen Wissensarten einfordert und die vom Westen durchgesetzte Ordnung des Wissens in Frage stellt. Die Feminismen dekolonialer Politik schreiben sich in die lange Bewegung der wissenschaftlichen und philosophischen Wiederaneignung ein, die die europäische Weise, die Welt zu erzählen, revidiert. Sie bestreiten die Ideologie-Ökonomie des Mangels, diese westlich-patriarchalische Ideologie, die Frauen, *Schwarze**, indigene Völker und Völker Asiens und Afrikas zu minderwertigen Wesen gemacht hat, welche sich durch das Fehlen von Vernunft, Schönheit oder eines Geistes auszeichnen, der naturgemäß wissenschaftlicher und technischer Entdeckungen fähig ist. Diese Ideologie war grundlegend für Entwicklungspolitiken, die im Wesentlichen sagen: „Ihr seid zwar unterentwickelt, aber wenn ihr euch an unsere Technologien, an unsere Art, soziale und wirtschaftliche Probleme zu lösen, anpasst, könnt ihr entwickelt werden. Ihr müsst unsere Demokratie nachahmen, die das beste aller Systeme ist, denn ihr wisst ja nicht, was Freiheit ist, was Achtung der Gesetze, was Gewaltenteilung ist." Aus dieser Ideologie speist sich der zivilisatorische Feminismus, der wiederum im Wesentlichen sagt: „Ihr seid nicht frei, ihr kennt eure Rechte nicht. Wir wollen euch helfen, das angemessene Entwicklungsniveau zu erreichen." Die Arbeit der Wiederentdeckung und der Wertschätzung von Wissensformen, Philosophien, Literaturen, Vorstellungswelten hat nicht mit uns begonnen. Aber eine unserer Aufgaben liegt in dem Bemühen, sie kennenzulernen und bekannt zu machen. Feministische Aktivistinnen wissen um die Gefahr, dass die Traditionskette, in der das Wissen von den Kämpfen weitergegeben wird, abbricht; sie stoßen oft auf Unkenntnis dieser Kämpfe und Widerstände, bekommen Sätze zu hören wie: „Unsere Eltern haben den Kopf eingezogen, sie haben es mit sich machen lassen." Die Geschichte der feministischen Kämpfe ist voller Lücken und Verallgemeinerungen, voll Ungefährem. Feminismen dekolonialer Politik und rassifizierte feministische Akademikerinnen haben die Notwendigkeit verstanden, ihre eigenen Werkzeuge zur Weitergabe und Erzeugung von Wissen zu entwickeln: in Blogs, Filmen, Ausstellungen, Festivals, Veranstaltungen und Begegnungen, Büchern, Theaterstücken, mit Tanz, Gesang, Musik bringen sie Geschichten und Texte in Umlauf, sie übersetzen, veröffentlichen, filmen, stellen historische Persönlichkeiten und Bewegungen vor. Das ist eine Bewegung, auf die verstärkt der Akzent gelegt werden muss, insbesondere indem man sich dafür einsetzt, feministische Texte vom afrikanischen Kontinent, aus Europa, der Karibik, Südamerika und aus Asien in mehrere Sprachen zu übersetzen.

Was ist Kolonialität?

Fragen wir nach den Kampfachsen eines dekolonialen Feminismus, so müssen wir zunächst den Kampf gegen Polizeigewalt und die beschleunigte Militarisierung der Gesellschaft hervorheben. Deren Auffassung von Schutz sieht vor, seine Sicherstellung der Armee, der rassistisch oder klassistisch ausgerichteten Justiz und der Polizei anzuvertrauen. Ein solcher Kampf impliziert die Ablehnung des Feminismus, der in Kategorien von Gefängnis und Strafe denkt und sich mit einem gerichtlichen Vorgehen gegen die Gewalt zufriedengibt, ohne nach dem Tod von rassifizierten Menschen zu fragen, weil er als „naturgemäß" aufgefasst wird, als Kulturerscheinung, Unfall, als trauriges Geschehen, das in unseren Demokratien vorkommt. Wir müssen uns um die Aufdeckung systemischer Gewalt gegen Frauen und Transgenderpersonen bemühen, ohne jedoch die Opfer gegeneinander auszuspielen; wir müssen analysieren, wie rassifizierte Körper produziert werden, ohne die Gewalt zu vergessen, die sich gegen Transgenderpersonen und Sexarbeiter*innen richtet; wir müssen die Erzählung des bürgerlichen weißen Feminismus denationalisieren und dekolonisieren, ohne die internationalistischen antirassistischen feministischen Netzwerke zu ignorieren; wir müssen auf Politiken kultureller Aneignung achten und uns vor der Attraktivität hüten, die die „Vielfalt" für Institutionen der Macht besitzt. Wir dürfen nicht die Geschwindigkeit unterschätzen, mit der das Kapital in der Lage ist, Begriffe zu absorbieren, um sie in leere Parolen zu verwandeln: Warum sollte sich das Kapital nicht auch den Gedanken der Dekolonisierung, der Dekolonialität einverleiben können? Das Kapital kolonisiert, die Kolonie ist ihm wesensgleich, und um ihr Fortbestehen zu verstehen, müssen wir uns von einem Ansatz befreien, der die Kolonie ausschließlich in der Form sieht, die das Europa des 19. Jahrhunderts ihr gab, und dürfen nicht Kolonisierung und Kolonialismus miteinander verwechseln. Peter Ekeh macht eine Unterscheidung, die uns hier nützlich ist: Kolonisation ist ein Ereignis/eine Periode, Kolonialismus ein Prozess/eine Bewegung, eine totale gesellschaftliche Bewegung, deren Perpetuierung aus dem beharrlichen Fortbestehen der Gesellschaftsformationen zu erklären ist, die sich aus jenen Sequenzen ergeben haben.[16]

Die dekolonialen Feministinnen untersuchen die Art und Weise, wie der Komplex Rassismus/Sexismus/Ethnizismus alle Herrschaftsverhältnisse durchdringt, auch wenn die Regimes, die mit diesem Phänomenkomplex verbunden waren, verschwunden sind. Der Begriff der Kolonialität ist äußerst wichtig, wenn man das heutige Frankreich analysieren will, in einer Zeit, in der es selbst unter den Linken so viele gibt, die weiterhin glauben, dass es mit dem Kolonialismus vorbei sei. Diesem Narrativ zufolge hätte die Dekolonisierung einfach einen Schlussstrich unter den Kolonialismus gezogen. Abgesehen von der Tatsache aber, dass die Republik weiterhin die Verwaltungsmacht über einige Hoheitsgebiete ohne Selbstregierung hat, bleiben die Institutionen der Macht vom Rassismus strukturiert. Für die Feminismen dekolonialer Politik in Frankreich bleibt die Analyse der französischen republikanischen Kolonialität ein zentrales Anliegen. Diese Kolonialität ist Erbin der Aufteilung der Welt, die Europa im sechzehnten Jahrhundert vorgenommen und seither mit Schwert und Feder, mit Glauben, Peitsche, Folter, mittels Drohung und Gesetz, in Text, Malerei, Fotografie und Film immer wieder aufs Neue bekräftigt hat. Es ist eine Kolonialität, die eine Politik wegwerfbarer Leben begründet, *humans as waste*. Wir können uns jedoch nicht auf den Zeit-Raum der europäischen Erzählung beschränken. Die Geschichte der Dekolonisierungen ist auch diejenige der *longue durée* der Kämpfe, die die Weltordnung erschüttert haben.

Seit dem 16. Jahrhundert haben Bevölkerungen gegen die westliche Kolonialisierung gekämpft (die Kämpfe der indigenen Völker und der versklavten Afrikaner*innen, die haitianische Revolution). Dass andererseits die von Süd nach Süd verlaufenden Transfers und Routen der Befreiung aus dem Gedächtnis gelöscht und die internationalistischen Erfahrungen der antikolonialen Kräfte verschleiert wurden, legte den Gedanken nahe, die Dekolonialisierung sei nichts anderes als eine Unabhängigkeit innerhalb des Gesetzes oder gar ein bloßes Trugbild gewesen. Das Ignorieren der Süd-Süd-Zirkulation von Menschen, Ideen und emanzipatorischen Praktiken erhält die Hegemonie der Nord-Süd-Achse; dabei sind die Süd-Süd-Austauschbewegungen für die Verbreitung von Befreiungsträumen ganz entscheidend gewesen. Solche Neuinterpretationen in Begriffen des Zeit-Raums sind unerlässlich, um die Phantasie der Feminismen dekolonialer Politik zu beflügeln.

Gegen den Eurozentrismus

Um unsere Kritik in der notwendigen Breite zu entfalten, müssen wir bis zu der Aussage gehen: Der zivilisatorische Feminismus wurde mit der Kolonie geboren, insofern die europäischen Feministinnen einen Diskurs über ihre Unterdrückung ausarbeiteten, indem sie sich mit Sklavinnen verglichen. Die Metapher der Sklaverei ist machtvoll, denn sind nicht die Frauen Eigentum ihres Vaters und Ehemannes? Sind sie nicht den sexistischen Gesetzen der Kirche und des Staates unterworfen? Der Feminismus im Europa der Aufklärung zeigt keinerlei Anerkennung für die Frauen, die sich an der Haitianischen Revolution (die von den Dichtern der Romantik gefeiert wird) beteiligen, oder für die aufständischen Sklavinnen, die rebellieren, als Maroons leben, Widerstand leisten. Es geht hier nicht um ein rückblickendes Urteil, sondern um die Frage, warum es in Anbetracht solcher Blindheit und Gleichgültigkeit noch immer keine kritische Revision der Genealogie des europäischen Feminismus gegeben hat. Die Geschichte des Feminismus von der Kolonie ausgehend neu zu schreiben, ist ein Kernanliegen des dekolonialen Feminismus. Wir können uns nicht damit zufriedengeben, die Kolonie als eine Nebensache der Geschichte zu betrachten. Wir müssen uns klarmachen, dass wir ohne die Kolonie kein Frankreich mit strukturell rassistischen Institutionen hätten. Für die rassifizierten Frauen im Norden und im globalen Süden müssen alle Facetten ihres Lebens, mit den Gefahren, denen sie sich aussetzen, und dem Preis, den sie aufgrund von Frauenhass, Sexismus und Patriarchat entrichten, noch untersucht und sichtbar gemacht werden. Gegen den Femi-Imperialismus anzukämpfen, heißt, das verschwiegene Leben der „namenlosen" Frauen an den Tag und zur Sprache zu bringen, heißt, sich dem Befriedungsprozess zu verweigern und zu analysieren, warum und wie die Rechte der Frauen zu einer ideologischen Waffe im Dienste des Neoliberalismus geworden sind (der durchaus anderswo ein frauenfeindliches, homophobes und rassistisches Regime stützen kann). Wenn die Frauenrechte sich darauf beschränken, die Freiheit zu verteidigen – „frei sein zu, das Recht haben auf …" –, ohne den Inhalt dieser Freiheit zu hinterfragen, ohne die Genealogie dieses Begriffs in der europäischen Moderne in Frage zu stellen, dürfen wir zu Recht fragen, ob all diese Rechte nicht vielleicht deshalb gewährt werden, weil andere Frauen nicht frei sind. Die Erzählung des zivilisatorischen Feminismus verbleibt im Raum der europäischen Moderne und übergeht stets die Tatsache, dass er auf der Leugnung der Rolle gründet, die Sklaverei und Kolonialismus in seiner Herausbildung spielten. Die Lösung besteht nun nicht darin, den versklavten, kolonialisierten Frauen oder den rassifizierten Frauen und denen aus Übersee einen zwangsläufig marginalen Platz zuzuweisen. Zur Debatte steht die Art und Weise, in der die Teilung der Welt (in eine Menschheit, die das Recht auf Leben hat, und eine, die sterben kann), die seit dem 16. Jahrhundert von Sklaverei und Kolonialismus vorgenommen wird, auch die westlichen Feminismen durchzieht. Wenn der Feminismus auf der Teilung zwischen Frauen und Männern (eine Teilung, die der Sklaverei vorausgeht) gegründet bleibt, aber nicht analysiert, wie Sklaverei, Kolonialismus und Imperialismus mit dieser Teilung arbeiten – und auch nicht analysiert, wie Europa seine Auffassung der Teilung Frauen/Männer den von ihm kolonisierten Völkern aufzwingt oder wie diese andere Teilungen schaffen –, dann ist dieser Feminismus rassistisch. Europa bleibt sein Zentrum, alle seine Analysen gehen von diesem Teil der Welt aus: Die kolonialen Wurzeln des Faschismus sind vergessen; Rassenkapitalismus ist keine Analysekategorie; dass versklavte und kolonialisierte Frauen als negatives Spiegelbild für europäische Frauen fungieren, wird nicht wahrgenommen. Nur wenige europäische Feministinnen sind entschieden antirassistisch und antikolonialistisch gewesen. Solche Ausnahmen hat es natürlich gegeben, Journalistinnen, Anwältinnen, Aktivistinnen, die sich mit den Kolonisierten solidarisch erklärten. Jedoch war das nicht die Grundlage des französischen Feminismus – obwohl dieser den antirassistischen Kämpfen allerhand verdankte. Sogar die Unterstützung der algerischen Nationalist*innen, die so wichtig für französische Feministinnen war, hat keine Analyse jenes „Bumerangeinschlags" gezeitigt, von dem Aimé Césaire in der *Rede über den Kolonialismus* so bewundernswert spricht: Die Kolonisierung arbeitet darauf hin, den Kolonisator zu *entzivilisieren*.[17]

Von zivilisatorischem Feminismus oder von weißem, bürgerlichem Feminismus zu sprechen, hat aus dieser Perspektive einen ganz präzisen Sinn. Er ist nicht einfach „weiß", nur weil weiße Frauen ihn vertreten, sondern weil er sich auf Europa und damit auf einen Teil der Welt beruft, der sich auf einer rassifizierten Teilung der Welt errichtet hat. Er ist bürgerlich, weil er den Rassenkapitalismus nicht angreift. Zu Recht darf man fragen: Wie und warum hätte der Feminismus dem entkommen sollen, was Jahrhunderte weißer Vorherrschaft und Überlegenheit verbreitet haben? Da Rassismus in Europa allzu oft mit Rechtsextremismus, Pogromen und Ghettos verwechselt wird, ermessen wir nicht, inwieweit sich der Rassismus stillschweigend und ohne Aufhebens auch durch die Naturalisierung des Zustandes rassifizierter Knechtschaft und durch die Vorstellung verbreitet hat, manche Zivilisationen seien mit dem Fortschritt und den Rechten der Frauen unvereinbar gewesen. Rassifizierte Frauen vor dem „Obskurantismus" zu retten, bleibt eines der großen Prinzipien der zivilisatorischen Feministinnen. Sie haben daraus eine Politik gemacht, die auf Frauen in den Kolonien zielt und, in ihrem eigenen Land, auf rassifizierte Frauen und Frauen aus Arbeiterklassen. Unleugbar wurzeln diese Aktionen bei einigen in dem Willen, es gut und richtig zu machen, dem gutgemeinten Wunsch, die Situation der Frauen zu verbessern; und unleugbar haben Kolonisierte aus diesen Aktionen auch Nutzen gezogen; aber es gibt einen Unterschied zwischen Hilfe und radikaler Kritik an Kolonialismus und Kapitalismus, zwischen Hilfe und dem Kampf gegen Ausbeutung und Ungerechtigkeit. Oder um die australische indigene Aktivistin Lilla Watson zu zitieren: „Wenn Sie gekommen sind, um mir zu helfen, verschwenden Sie Ihre Zeit. Aber wenn Sie gekommen sind, weil Ihre Befreiung an die meine gebunden ist, dann lassen Sie uns zusammenarbeiten."[18]

Für eine kritische dekoloniale Pädagogik

Die Theorien und Praktiken, die in den antirassistischen, antikapitalistischen und antikolonialen Kämpfen geschmiedet wurden, sind unschätzbare Quellen. Die Feminismen dekolonialer Politik tragen zu den Kämpfen, die das gemeinsame Ziel verfolgen, die Welt wieder menschlicher zu machen, mit ihrer Bibliothek von Wissensformen bei, mit ihrer praktischen Erfahrung, ihren antirassistischen und antisexistischen Theorien und Praktiken, die sich stets mit antikapitalistischen und antiimperialistischen Kämpfen verbanden. Eine Feministin kann nicht für sich in Anspruch nehmen, sie besitze „die" Theorie und „die" Methode, sie strebt nach Transversalität. Sie stellt sich die Frage, was sie nicht sieht, sie versucht, das Korsett der Schulbildung zu dekonstruieren, die ihr beibrachte, nicht mehr zu sehen, nicht mehr zu fühlen, ihre Sinne zu betäuben, nicht mehr lesen zu können, in sich gespalten und von der Welt getrennt zu sein. Um denken zu können, muss sie wieder lernen zu hören, zu sehen, zu fühlen. Sie weiß, dass der Kampf kollektiv ist, sie weiß, dass nicht unterschätzt werden sollte, mit welcher Entschlossenheit die feindliche Seite die Befreiungskämpfe niederschlagen will und dafür alle verfügbaren Waffen einsetzen wird, Zensur, Diffamierung, Drohungen, Inhaftierung, Verleumdung, Folter, Mord. Sie weiß auch, dass der Kampf Schwierigkeiten, Spannungen, Frustrationen und so weiter mit sich bringt, aber auch Freude und Heiterkeit, Entdeckungen und ein Weiterwerden der Welt.

Es ist ein Feminismus, der eine *mehrdimensionale* Analyse der Unterdrückung vornimmt und sich weigert, „Rasse", Sexualität und Klasse in einander ausschließende Kategorien einzuteilen. Der von Darren Lenard Hutchinson vorgeschlagene Begriff der Mehrdimensionalität antwortet auf die Beschränkungen des Intersektionalitätsbegriffs und strebt danach, besser zu begreifen, wie die „rassistische und heteronormative Macht nicht nur spezifische Ausschlüsse an der Schnittstelle der verschiedenen Beherrschungssysteme schafft, sondern sämtliche gesellschaftlichen Entwürfe und die Subjektivitäten prägt, auch unter den Privilegierten".[19] Diese Vorstellung entspricht dem „Feminismus der Gesamtheit", dessen Analyse darauf abzielt, die *Gesamtheit* der sozialen Beziehungen zu berücksichtigen.[20] Ich teile die Ansicht, dass dem Staat große Bedeutung beizumessen ist, und vertrete einen Feminismus, der Patriarchat, Staat *und* Kapital *zusammen* denkt, der

Reproduktionsgerechtigkeit, Umweltgerechtigkeit *und* die Kritik der pharmazeutischen Industrie, das Recht der Migrant*innen, der Geflüchteten *und* das Ende des Femizids, den Kampf gegen das rassiale Anthropozän-Kapitalozän *und* gegen die Kriminalisierung der Solidarität zusammen denkt. Es geht nicht darum, Elemente systematisch und letztlich abstrakt miteinander zu verknüpfen, sondern wir müssen uns bemühen herauszufinden, ob und welche Verbindungen bestehen. Mit einem mehrdimensionalen Ansatz lässt sich vermeiden, dass die Kämpfe gemäß einer Dringlichkeitsskala hierarchisiert werden, deren Rahmen oft von Vorurteilen diktiert bleibt. Mehrere Fäden auf einmal zu halten, um die ideologiebedingte Segmentierung zu überwinden und „um zu fassen, wie Produktion und soziale Reproduktion historisch artikuliert wurden",[21] darum geht es.

Diesem Ansatz folgte ich in meiner Analyse von Tausenden von Zwangssterilisationen und -abtreibungen, die in den 1970er Jahren jährlich auf La Réunion verübt wurden. Denn hätte ich bei der Erklärung Halt gemacht, die den weißen französischen Ärzten, die sie vornahmen, die alleinige Verantwortung für dieses Verbrechen zuwies, hätte ich es auf eine Geschichte von der Gier einiger weißer Männer reduziert. Eine Studie indes, die die Gesamtheit der Elemente in den Blick nahm, warf Licht auf eine Geburtenpolitik des französischen Staates, die in Frankreich natalistisch vorging, aber antinatalistisch gegenüber rassifizierten und armen Frauen in den „Übersee"-Départements. Diese Politik war Teil einer globalen Neugestaltung der westlichen Politiken der Geburtenkontrolle im Kontext nationaler Befreiungskämpfe und des Kalten Krieges.[22]

Auf ähnliche Weise verwende ich in einem Vortrag[23] zur kritischen dekolonialen Pädagogik eine vertraute Frucht, die Banane, um Licht in eine Reihe von Analogien und Wahlverwandtschaften zu bringen: Wie die Banane von Neu-Guinea aus in den Rest der Welt wanderte, Bananen und Sklaverei, Bananen und US-Imperialismus (Bananen-Republiken), Bananen und Agribusiness (Pestizide, Insektizide – der Chlordecon--Skandal auf den Antillen), Bananen und Arbeitsbedingungen (Pflanzungsregelung, sexuelle Gewalt, Repression), Bananen und Umwelt (Monokultur, verschmutztes Wasser, verschmutzte Böden und so weiter), Banane und Sexualität, Banane und Musik, Banane und Show (Josephine Baker), Banane und Branding (Bananenrepublik), Banane und Rassismus (ab wann sind Bananen und Schwarzenfeindlichkeit verbunden?), Banane und Wissenschaft (Forschung zur „perfekten" Banane), Banane und Konsum (Bananen ins Haus bringen, Rezepte vorschlagen), Bananen und Ahnenrituale, Banane und zeitgenössische Kunst. Die Methode ist einfach: Man geht von einem Element aus, um ein politisches, wirtschaftliches, kulturelles und soziales Ökosystem ans Licht zu bringen, und vermeidet so die Segmentierung, die die westliche Methode der Sozialwissenschaften durchgesetzt hat. Am produktivsten und erhellendsten in den letzten Jahrzehnten waren übrigens diejenigen Analysen, die den meisten Fäden gefolgt sind, um die subjektiven und konkreten Netzwerke der Unterdrückung sichtbar zu machen, aus denen das Gewebe der Ausbeutung und Diskriminierung besteht.

Der dekoloniale Feminismus als ein utopisches Imaginäres

Im Kontext eines Kapitalismus, dessen zerstörerische Macht sich verdoppelt hat, eines Rassismus und eines Sexismus, die mörderisch sind, bekräftigt dieses Buch, dass der Feminismus, den ich *Feminismus dekolonialer Politik* nenne, zu verteidigen, zu entwickeln, zu bejahen und in die Praxis umzusetzen ist, ja. Als *féminisme de marronnage*, als Maroon-Feminismus, kann sich der dekoloniale Feminismus historisch in den Widerstandskämpfen gegen Sklavenhandel und Sklaverei verankern. Ich nenne *marronnage* und *Maroons* hier alle Initiativen, Aktionen, Gesten, Lieder, Rituale, die bei Tag oder in der Nacht, sichtbar oder im Verborgenen, ein radikales Versprechen darstellen. Das Marooning bejahte die Möglichkeit einer Zukunft, als diese vom Gesetz, von Kirche, Staat, Kultur verschlossen war, die allesamt verkündeten, dass es keine Alternative zur Sklaverei gebe, dass diese so natürlich sei wie Tag und Nacht, dass der Ausschluss der *S*chwarzen* aus der Menschheit etwas Natürliches sei. Die Maroons brachten das Fiktive dieser Naturalisierung zum Vorschein, und indem sie die Codes sprengten, vollzogen sie einen radikalen Bruch, der den Schleier der Lüge zerriss. Mitten ins Sklavereisystem zeichneten sie souveräne Gebiete ein und proklamierten ihre Freiheit. Ihre Träume, ihre Hoffnungen, ihre Utopien und auch die Gründe für ihre Niederlagen bleiben Räume, aus denen man ein Denken der Aktion schöpfen kann. Daher ist der dekoloniale Feminismus eine Utopie im Sinne eines radikalen Versprechens, das ein Terrain gegen den Kapitalismus ist. Auch dieser behauptet, es gebe keine Alternative zu seiner Ökonomie und seiner

Ideologie, setzt sich als so natürlich wie Tag und Nacht und verspricht sogar technologische und wissenschaftliche Lösungen, die seine Ruinen in Räume der Wonne verwandeln würden. Gegen diese Ideologien vertritt das Marooning als Politik des Ungehorsams die Möglichkeit einer „Zukünftigkeit" *(futurity)*, um diesen Begriff von schwarzen amerikanischen Feministinnen zu übernehmen. Indem er als Maroon auftritt, verankert sich der Feminismus in dieser erneuten Infragestellung der Naturalisierung der Unterdrückung, und indem er sich als dekolonial bezeichnet, kämpft er gegen die Kolonialität der Macht. Aber sich ins Feld des Feminismus einzuschreiben, ist das die angemessene Antwort auf den Aufstieg einer politischen Tendenz zum Faschismus, auf kapitalistisches Raubtiergebaren und die Zerstörung der für alle Lebewesen notwendigen ökologischen Verhältnisse, auf die Politik der Enteignung, Kolonisierung, Vernichtung und Kommerzialisierung, auf Kriminalisierung und Gefängnis infolge zunehmender Armut? Macht es Sinn, sich auf Gebietsstreitigkeiten mit dem zivilisatorischen Feminismus einzulassen, der auch weißer bürgerlicher oder Mainstream-Feminismus genannt wird und demzufolge Ungerechtigkeiten korrigiert werden können, indem man auf einer 50/50-Basis zwischen Frauen und Männern Posten verteilt, ohne die ökonomische, kulturelle und soziale Organisation in Frage zu stellen, die aus Gender, Sexualität, Klasse, Herkunft, Religion eine rein private Angelegenheit oder eine Ware machen will? Dass Femonationalismus und Femi-Imperialismus (deren Inhalte entfalte ich später) zu bekämpfen sind, ist bereits ein Argument zur Verteidigung des dekolonialen Feminismus. Aber das reicht nicht aus. Das essentialistische

Argument einer weiblichen Natur, die das Leben besser achten und eine gerechte und gleichberechtigte Gesellschaft wünschen würde, greift nicht, weil Frauen weder aus sich heraus noch an sich eine politische Kategorie darstellen. Was eine Wiederaneignung des Begriffs „Feminismus", seiner Theorien und Praktiken rechtfertigt, basiert auf dem Bewusstsein einer tiefgreifenden, konkreten, alltäglichen Erfahrung der Unterdrückung von Seiten der Matrix Staat, Patriarchat und Kapital, die die Kategorie „Frauen" fabriziert, um rassialisierte Reproduktions- und Zuweisungspolitiken zu legitimieren.

Feminismen dekolonialer Politik haben nicht das Ziel, das bestehende System zu verbessern, sondern alle Formen der Unterdrückung zu bekämpfen: Gerechtigkeit für Frauen bedeutet Gerechtigkeit für alle. Dieser Feminismus hegt keine naiven Hoffnungen und speist sich weder aus Ressentiments noch aus Verbitterung; wir wissen, dass der Weg lang ist und voller Fallstricke, aber wir halten das Gedächtnis wach, das um den Mut und die Widerstandsfähigkeit rassifizierter Frauen durch die Geschichte hin weiß. Es handelt sich also nicht um eine neue Welle des Feminismus, sondern um die Fortsetzung der Emanzipationskämpfe der Frauen des globalen Südens.

Die Feminismen dekolonialer Politik schöpfen aus den Theorien und Praktiken, die über einen langen Zeitraum hin Frauen in den antirassistischen, antikapitalistischen und antikolonialen Kämpfen geschmiedet und so überall auf der Welt an der Erweiterung der Theorien zur Befreiung und Emanzipation teilgenommen haben. Es geht um die entschiedene Bekämpfung der Polizeigewalt und der beschleunigten Militarisierung der Gesellschaft sowie des Sicherheitskonzepts, das der Armee, der Klassen-/Rassenjustiz und der Polizei die Gewährleistung dieser Sicherheit überantwortet. Und somit ist ein Feminismus abzulehnen, der auf Gefängnis und Strafe baut.

In dieser Kartografie der Kämpfe von Frauen des Südens spielt die koloniale Sklaverei in meinen Augen weiterhin eine grundlegende Rolle. Sie bildet die „Matrix der ‚Rasse'", um den so treffenden Ausdruck der Philosophin Elsa Dorlin zu verwenden, und verbindet die Geschichte der Akkumulation von Reichtümern, Plantagenwirtschaft und Vergewaltigung (Grundlage einer Politik der Reproduktion in der Kolonie) mit der Geschichte der systematischen Zerstörung sozialer und familiärer Bindungen und mit der Verknüpfung von „Rasse"/Klasse/Geschlecht/Sexualität. Die Zeitrechnung, die sich an der Sklaverei und deren Abschaffung orientiert, bezieht die koloniale Sklaverei auf eine historische Vergangenheit und ignoriert daher, wie ihre Strategien der Rassialisierung und Sexualisierung weiterhin ihre Schatten auf unsere Zeit werfen. Der Afro-Feminismus (Brasilien, Vereinigte Staaten) ist in einem ganz erheblichen Maße an der Erkenntnis beteiligt, welche Bedeutung der kolonialen Sklaverei bei der Entstehung der modernen Welt und der Erfindung der weißen Welt, sowie ihrer Rolle beim Verbot familiärer Bindungen zukommt. Dieser überaus wichtige Beitrag hat sich jedoch noch immer nicht auf die Analysen des bürgerlichen weißen Feminismus ausgewirkt. Gewiss haben Feministinnen im Westen analysiert, wie die „gute Mutterschaft", die „gute Mutter" und der „gute Vater" der heteronormativen Familie konstruiert sind, aber ohne dabei jemals den „Bumerangeinschlag" von Sklaverei und Kolonialismus in Betracht zu ziehen. Wir wissen, dass in der Sklaverei jederzeit die Kinder ihren Müttern entrissen werden konnten und es diesen nicht erlaubt war, ihre Kinder zu verteidigen, wir wissen, dass schwarze Frauen den Kindern ihrer Besitzer als Ammen zur Verfügung standen, dass ihre eigenen Kinder den Kindern ihres Herrn als Spielkameraden oder Spielkameradinnen zur Verfügung standen, dass schwarze Mädchen und Frauen sexuell ausgebeutet wurden und dass all diese Rollen den Launen des Herrn, seiner Frau und seiner Kinder unterlagen. Den Männern wurde die soziale Rolle des Vaters und Gefährten vorenthalten. Noch heute wirft diese gesetzlich verankerte Zerstörung familiärer Bindungen ihre Schatten auf Familienpolitik, die auf rassifizierte Minderheiten und indigene Völker zielt.

Weiße Frauen und Frauen des globalen Südens

Bekanntlich mögen weiße Frauen nicht, dass man ihnen sagt, dass sie weiß sind. Weiß sein ist als so gewöhnlich, so eigenschaftslos, so normal, als so etwas Bedeutungsloses konstruiert worden, dass es, wie Gloria Wekker in *White Innocence. Paradoxes of Colonialism and Race*[24] bemerkt, nahezu unmöglich ist, eine Weiße dazu zu bringen, dass sie anerkennt, dass sie weiß ist. Sie sagen es ihr und sie ist bestürzt, aggressiv, entsetzt, den Tränen nahe. Sie findet Ihre Bemerkung „rassistisch". Fatima El Tayeb zufolge stellt die Aussage, dass das moderne europäische Denken die „Rasse" hervorgebracht hat, eine unerträgliche Verletzung dessen dar, was den Europäer*innen am Herzen liegt: nämlich die Idee eines „color-blind" Kontinents, der frei von der verheerenden Ideologie ist, die er in die gesamte Welt exportiert hat.[25] Das Gefühl, unschuldig zu sein, ist der Kern dieser Unfähigkeit, sich selbst als Weiße zu sehen, und einer Haltung, die sich vor jeglicher Verantwortung in der heutigen Weltordnung schützt. Und daher könne es gar keinen weißen Feminismus geben (weil es ja keine Weißen Frauen gibt), sondern nur einen universellen Feminismus. Die Ideologie der Frauenrechte, die der zivilisatorische Feminismus vertritt, kann gar nicht rassistisch sein, weil sie einem Kontinent entspringt, dem jeder Rassismus völlig abgeht. Ehe wir fortfahren, gilt es – da jeder Hinweis auf das Vorhandensein von Weißsein den Vorwurf des „umgekehrten Rassismus" nach sich zieht – zu wiederholen, dass es hier weder um Hautfarbe geht noch darum, alles zu rassialisieren. Sondern es sollte vielmehr zugegeben werden, dass die lange Geschichte der Rassialisierung in Europa (über den Antisemitismus, die Erfindung der „schwarzen Rasse", der „asiatischen Rasse" oder des „Orients") nicht folgenlos geblieben ist für die Vorstellung vom Menschen, von Sexualität, von Naturrechten, von Schönheit und Hässlichkeit …

Zugeben, dass man weiß ist, heißt zugeben, dass dieser Farbe in der Geschichte Privilegien gewährt wurden, Privilegien, die so banal sein können wie dasjenige, ein Geschäft betreten zu können, ohne automatisch im Verdacht zu stehen, etwas stehlen zu wollen, oder dasjenige, nicht systematisch gesagt zu bekommen, die von Ihnen gewünschte Wohnung sei bereits vermietet, oder dasjenige, selbstverständlich für die Anwältin und nicht für ihre Assistentin gehalten zu werden, für die Ärztin und nicht die Pflegerin, für die Schauspielerin und nicht die Putzfrau … –, das wäre schon ein großer Schritt. Es ist bekannt, dass weiße Frauen die Kämpfe des politischen Antirassismus wirklich solidarisch unterstützt haben. Aber die weißen Frauen müssen auch verstehen, wie ermüdend es ist, sie immer wieder über ihre eigene Geschichte belehren zu müssen. Und dabei steht eine umfassende Bibliothek zu diesen Themen zur Verfügung. Was hält sie ab? Warum warten sie es ab, belehrt zu werden? Einige sagen, dass wir die Klasse vergessen, dass der Rassismus erfunden worden ist, um die Arbeiterklasse zu spalten, dass wir paradoxerweise der extremen Rechten zuspielen, wenn wir von „Rasse" sprechen. Es bleibt immer an den Rassifizierten hängen zu erklären, zu rechtfertigen, Fakten und Zahlen zu sammeln, wenngleich weder Fakten und Zahlen noch Sinn für Moral irgendetwas an den Kräfteverhältnissen ändern. Reni Eddo-Lodge drückt ein vertrautes und legitimes Gefühl aus, wenn sie erklärt: „Warum ich nicht länger mit Weißen über ‚Rasse' spreche".[26] Zu tun, als könne die Debatte über Rassismus so ablaufen, als ob beide Parteien gleichberechtigt wären, ist illusorisch, schreibt sie, und es ist nicht an denjenigen, die nie Opfer von Rassismus waren, den Rahmen für die Diskussion zu setzen.

Die weiße Frau ist buchstäblich eine Produktion der Kolonie gewesen. In *La Matrice de la race* erklärt die Philosophin Elsa Dorlin, wie auf dem amerikanischen Kontinent die ersten Naturforscher das Konzept von „*race*" am Modell der Geschlechterdifferenz entwickelt haben: Indigene Bewohner der Karibik oder deportierte Sklaven galten ihnen als Bevölkerungen mit einem pathogenen, verweichlichten und schwachen Temperament. Von der Definition eines „Geschlechtertemperaments", schreibt Dorlin, gelangte man dann zu einem „Rassentemperament". Das weibliche Modell der „Mutter", die weiß, gesund und mütterlich ist, wird den Figuren einer „degenerierten" Weiblichkeit entgegengestellt – die Hexe, die afrikanische Sklavin – und gibt der Nation Form und Zusammenhalt, schließt die Philosophin.[27] Europäische Frauen sind in der epistemologischen Spaltung befangen, die im sechzehnten Jahrhundert stattfand und eine beträchtliche Menge an Wissen und Erkenntnis zur „Nicht-Existenz" verdammte.[28] In ihren Augen fehlen den Frauen des Südens das Wissen und eine wirkliche Vorstellung von Freiheit, davon, was eine Familie ausmacht, oder davon, was es bedeutet, „eine Frau" zu sein (was nicht notwendigerweise an das bei der Geburt definierte biologische oder kulturelle Geschlecht gebunden wäre). Da sie sich selbst als Opfer der Männer sehen (und tatsächlich sind sie vom Gesetz jahrhundertlang kleingehalten worden), sehen sie nicht, dass ihr Wunsch nach Gleichberechtigung mit diesen Männern auf dem Ausschluss von rassifizierten Frauen und Männern basiert. Sie sehen nicht, dass die europäische Vorstellung der Welt und der Moderne, in die sie eingeschrieben sind, denjenigen Frauen und Männern, die weder ihrer Klasse noch ihrer „Rasse" zugehören, einen Status zuweist, der weder de facto noch de jure gleichberechtigt ist. Indem sie aus ihrer Erfahrung, die oft diejenige von Frauen der bürgerlichen Klasse ist, eine Universalie machen, tragen sie zur Zweiteilung der Welt bei: Zivilisierte/Barbaren, Frauen/Männer, *W*eiße/*S*chwarze, und die binäre Geschlechtervorstellung wird eine Universalie. So hat Maria Lugones von einer „Kolonialität des Geschlechts" gesprochen: Die historische Erfahrung der kolonialisierten Frauen ist nicht nur diejenige einer rassischen Minorisierung, schreibt sie, sondern auch die einer geschlechtlichen Zuweisung. Die kolonisierten Frauen werden als „Frauen" wiedererfunden, indem von diskriminierenden Normen, Kriterien und Praktiken ausgegangen wird, die im mittelalterlichen Europa in Gebrauch waren.[29] Rassifizierte Frauen sahen sich daher mit einer doppelten Unterwerfung konfrontiert: seitens der Kolonisatoren und seitens der kolonisierten Männer. Die nigerianische feministische Philosophin Oyèrónkẹ Oyěwùmí stellt auch den Universalismus der modern-europäischen Ausformulierungen von Geschlecht in Frage. Sie sieht darin den Ausdruck der Vorherrschaft des westlichen Biologismus und der Herrschaft der europäisch-nordamerikanischen Ideologie in der feministischen Theorie.[30]

Der Feminismus und das Verdrängte der Sklaverei

Eine Analogie zwischen ihrer Situation und derjenigen der Sklaven zu ziehen, dient den europäischen Feministinnen zur Kritik an einer Situation der Abhängigkeit, am Status einer lebenslänglich Minderjährigen, aber sie lassen dabei wesentliche Elemente der Sklaverei fort, und das macht aus dieser Analogie eine Usurpation: Festnahme, Abschiebung, Verkauf, Menschenhandel, Folter, Verweigerung sozialer und familiärer Bindungen, Vergewaltigung, Erschöpfung, Rassismus, Sexismus und Tod bestimmen das Leben der Sklavinnen. Diesen Unterschied der Sklaverei zu benennen, heißt nicht, die Brutalität der männlichen Herrschaft in Europa zu leugnen. Das Jahrhundert der Aufklärung, der Veröffentlichung feministischer Texte, die für den europäischen Kontinent geschichtsprägend waren, ist auch das Jahrhundert, in dem der transatlantische Sklavenhandel seinen Höhepunkt erreichte (70 000 bis 90 000 Afrikaner*innen wurden pro Jahr verschleppt, während die Zahlen bis zum 17. Jahrhundert bei 30 000 bis 40 000 pro Jahr liegen). Die (wenigen) französischen Feministinnen, die im 18. Jahrhundert gegen die Sklaverei Position beziehen, stützen sich auf eine sentimentalistische Vision, auf eine Literatur der Barmherzigkeit, um das Verbrechen der Sklaverei anzuprangern.[31] Eines der berühmtesten Werke dieser Gattung, das Theaterstück *Zamore et Mirza* von Olympe de Gouges, gibt einer *W*eißen die Hauptrolle: Sie ist es, die die Emanzipation der *S*chwarzen* von der Sklaverei ermöglicht. Nachdem die Comédie-Française 1785 Korrekturen verlangt hatte, hieß das Stück *L'Esclavage des Nègres ou l'Heureux Naufrage.* Es erzählt die Geschichte von zwei jungen entflohenen Sklaven, Maroons, die auf einer einsamen Insel Zuflucht finden. Zamore hat einen Kommandanten getötet und wird gesucht. Er rettet ein Paar junger Franzosen vor dem Ertrinken, darunter Sophie, die Tochter des Gouverneurs Saint-Frémont. Diese hilft dann Zamore und Mirza dabei, ihrem Knechtschaftsstatus zu entkommen, und der Gouverneur gibt die Sklaven seiner Plantage am Ende des Stücks frei. Ohne die weiße Frau gibt es keine Freiheit. Es sei darauf hingewiesen, dass selbst dieser in Ton und Inhalt durchaus zaghafte Versuch immer noch einen Skandal auslöste. Das Stück galt als subversiv, weil die Autorin „eine allgemeine Freiheit“ angedeutet hatte, „die schwarze Menschen genauso wesentlich werden ließe wie Weiße“, und dass sie eines Tages „frei ihr Land bebauen würden wie die Bauern in Europa und ihre Felder nicht verlassen müssten, um zu fremden Nationen zu gehen".[32] Dieses Narrativ, laut dem die Intervention der *W*eißen das Schicksal der schwarzen Sklav*innen verändert, und laut dem die *S*chwarzen*, die die Freiheit verdienen, sanft, opferbereit und unterwürfig sein müssen, ist hegemonial gewesen. Die Texte, die es in Frage stellten, bestanden aus direkten Zeugnissen von ehemaligen Gefangenen und ehemaligen Sklaven. In *Paul et Virginie*, einem der meistgelesenen Bücher im 18. Jahrhundert, stellt Bernardin de Saint-Pierre die Natur der Beziehungen zwischen Weißen und *S*chwarzen abgemildert dar. Eine der unfassbarsten Episoden des Romans erzählt von einer jungen Sklavin auf der Flucht, weil sie von ihrem Herrn misshandelt wurde, die an einem Sonntagmorgen vor dem Haus von Virginie erscheint. Diese nimmt sie auf und gibt ihr zu essen, bevor sie sie dazu überredet, wieder zu ihrem Herrn zurückzukehren und ihn für ihre Flucht um Vergebung zu bitten. Das junge Sklavenmädchen wird von der sanften Virginie zu ihrem Herrn zurückgebracht, der sie selbstverständlich bestraft. Virginies Einfältigkeit ist nur die Frucht ihrer unbedarften hartnäckigen Weigerung, den Rassismus zu sehen. Sie macht Sklaverei zu einer simplen individuellen Beziehung, in der die Gewalt des Herrn durch seine Vergebung repariert werden kann. Die Zeugnisse, die von Sklavinnen hinterlassen werden konnten, stehen im krassen Widerspruch zu solcher Einfältigkeit, deren brutale Konsequenzen die weiße Frau sich weigert zu sehen. Im neunzehnten Jahrhundert unterstützen die meisten Feministinnen, abgesehen von ein paar seltenen Ausnahmen wie Louise Michel oder Flora Tristan, das Kolonialreich, in dem sie einen Hebel sehen, um die kolonisierten Frauen aus den Fesseln des Sexismus ihrer Gesellschaften zu befreien. Sie lehnen nicht die zivilisatorische Mission ab, sondern wollen sicherstellen, dass deren weibliche Seite geachtet wird. Sie schaffen Schulen für Mädchen, fördern Berufe der Dienst- und Haushaltsanstellung, protestieren gegen Missbrauch, aber sie greifen niemals die Kolonisation selbst an. Sie akzeptieren deren Struktur und Institutionen, finden in der Kolonie die Möglichkeit, Prinzipien und Werte ihres Feminismus zu entfalten, der sich an die koloniale republikanische Ordnung hält. Mit der Feindseligkeit der Siedler konfrontiert, erklären sie deren Handlungen mit einem höheren Zweck. Das Studium der Tagebücher reisender Frauen, der Berichte von Feministinnen kann daher vergessen lassen, dass die koloniale Eroberung die Grundlage ihres Handelns ist, dass Kolonialarmeen ihnen die Reiserouten eröffneten und Orte errichteten, an denen europäische Frauen leben können.

In der hegemonialen Erzählung der Frauenrechtskämpfe gibt es ein Vergessen, das die Weigerung, die vom Weißsein bezogenen Privilegien zu berücksichtigen, besonders ins Licht setzt. Denn darin wird von Frauen erzählt, die keine Rechte haben, diese aber nach und nach erlangen, bis sie auch dasjenige Recht erhalten, welches das Emblem der europäischen Demokratien ist, das Wahlrecht. Nun konnten zwar weiße Frauen tatsächlich über einen langen Zeitraum viele damit verbundene Bürgerrechte nicht wahrnehmen, dagegen hatten sie aber das Recht, Menschen zu besitzen; sie haben Sklaven und Plantagen besessen, und nach der Abschaffung der Sklaverei standen sie dann den Kolonialplantagen vor, in denen Zwangsarbeit grassierte.[33] Der Zugang zum Besitz von Menschen war ihnen nicht verwehrt, und dieses

Recht war ihnen gewährt, weil sie weiß waren. Eine der größten Sklavenhändlerinnen auf La Réunion war eine Frau, Madame Desbassyns. Sie hatte weder das Recht zu wählen noch, das Abitur abzulegen, noch, Anwalt, Arzt oder Universitätsprofessor zu sein, aber sie hatte das Recht, Menschen zu besitzen, die wie „Möbelstücke" in ihrem Nachlass klassiert waren. Solange die Geschichte der Frauenrechte geschrieben wird, ohne dieses Privileg in Betracht zu ziehen, bleibt sie eine Lügengeschichte.

Weil er den Platz, der den Sklavinnen, den Maroons, den kolonisierten und engagierten Arbeiterinnen in den Kämpfen für Freiheit und Rassengleichheit zukommt, nicht zur Kenntnis nimmt, setzt der weiße Feminismus den alleinigen Rahmen für die Frauenkämpfe. Sein Kampf ist an der Gleichstellung mit bürgerlichen weißen Männern ausgerichtet und hat seinen Platz nur in Frankreich. Die Taubheit, die Blindheit für die wirklichen Bezugspunkte der „Frauenrechte" und für die Rolle von Kolonialismus und Imperialismus in deren Konzeption nährte zwangsläufig eine feministische Ideologie, die offen nationalistisch, inegalitär und islamfeindlich ist und die mit dem Begriff „französisch" nicht etwa einen Sprachraum bezeichnet, der ein allen zugängliches gemeinsames Werkzeug wäre, sondern den Raum des Nationalen/Imperialen.

Von welchem Geschlecht ist dann unter der Sklaverei die Rede? Die zur Sklaverei erniedrigten Frauen sind schwarz und Frauen, aber auf den Plantagen sind alle versklavten Menschen Schlachtvieh. In den Augen der Sklavenhalter sind die schwarzen Frauen Sexualobjekte und keine Wesen, deren Geschlecht es erfordern würde, sie mit Sanftmut und Respekt zu behandeln. Als Sklavinnen haben sie den Rechtsstatus von Gegenständen, gehören also nicht voll und ganz der Menschheit an. Mit anderen Worten, das Geschlecht existiert nicht an sich, es ist eine historische und kulturelle Kategorie, die sich mit der Zeit entwickelt und sich in der Metropole und in der Kolonie nicht auf dieselbe Weise begreifen lässt, genauso wenig wie von einer Kolonie zur anderen oder innerhalb einer Kolonie. Deutlich zu machen, was es für sie heißt, eine Frau zu sein, war für rassifizierte Frauen ein Kampf. Frauen bilden, wie gesagt, keine politische Klasse an sich.

Französischer Exzeptionalismus: die Republik der Unschuld

In Frankreich, wo die republikanische Doktrin mit dem Unaufgearbeiteten der kolonialen Vergangenheit und den Herausforderungen der postkolonialen Gegenwart ringt, reichte der Feminismus eine rettende Hand, indem er Feminismus mit Republik gleichsetzte. Wen schert es schon, dass den Frauen ganz grundlegende Rechte erst sehr spät von der Republik zugestanden wurden – dieser wird dennoch eine konstitutive Offenheit für Verschiedenheiten zugeschrieben. Ausgeblendet wird von einem solchen Narrativ jedoch, dass diese Rechte hart erkämpft werden mussten. Und vergessen wird auch, dass zwar die Französinnen 1944 das Wahlrecht erhalten haben, dass dieses Recht jedoch in den sogenannten Übersee-Départements stark eingeschränkt war, und zwar noch bis in die 1980er Jahre. Es kommen durchaus nicht alle Frauen, die im Raum der Französischen Republik leben, automatisch in den Genuss der Rechte, die weißen Französinnen gewährt werden. Nicht nur bürgerliche

Frauen sind rassistisch. 1976 weist das Bulletin der revolutionären Fabrikaktivistinnen auf den anti-arabischen Rassismus unter Arbeiterinnen von Renault-Flins hin. Es erklärt ihn „zum Teil mit der reaktionären Haltung der Araber [*sic*] gegenüber Frauen [aber auch mit] den bürgerlich vergifteten Vorurteilen, die ihre Prinzipien verletzen: Sie sind die ersten, die von den Rathäusern eine Unterkunft bekommen. Sie verlassen ihre Bude nicht, sie sind schmutzig, wenn sie wieder in ihre Länder zurückkehren würden, dann gäbe es in Frankreich weniger Arbeitslosigkeit".[34]

Auch heute noch ist der Zugang zur Geburtsvorsorge und zur Nachsorge nicht gleichmäßig verteilt; rassifizierten Frauen wird eher der Zugang zur Gesundheitsversorgung verweigert und sie fallen häufiger der Gleichgültigkeit des medizinischen Bereitschaftsdiensts zum Opfer – wenn nicht gar Misshandlungen. Im Mai 2017 starb Naomi Musenga, eine 27-jährige Frau, deren Anrufe beim Notdienst nicht nur unbeantwortet geblieben sind, sondern verspottet wurden. Ihr Tod hat diese rassistischen Diskriminierungen erneut ans Licht gebracht. Keine Institution scheint von diesem strukturellen Rassismus frei zu sein: weder Schule noch Gericht, weder Gefängnis noch Krankenhaus, weder die Armee, die Kunst oder die Kultur noch die Polizei. Wenn die Debatte über den strukturellen Rassismus in Frankreich so schwierig ist, liegt dies auch an einer Leidenschaft, die mehr für abstrakte Prinzipien als für die Untersuchung von Realitäten übrig hat. Obwohl etliche Berichte, selbst von Regierungsbehörden, die rassistischen/sexistischen Diskriminierungen nachweisen, besteht die Blindheit fort.

Was die Derassialisierung der französischen Gesellschaft außerdem bremst, ist der Narzissmus, den sie ob ihrer Einzigartigkeit, ob ihres Ausnahmecharakters pflegt. Die französische Sprache wird selbst noch im 21. Jahrhundert als Vektor der (feministischen) zivilisatorischen Mission präsentiert, weil ihr die Idee der Gleichheit von Männern und Frauen innewohnen soll. In einer solchen Argumentation liegt der Grund, warum jungen afrikanischen Frauen bei der Erlangung von Regierungsstipendien Priorität eingeräumt wird.[35] Sprache ist jedoch nicht neutral und der Rassismus hat sich in sie eingeschlichen. Die Geschichte der Wörter, die in der weiblichen wie der männlichen Form mit einem „N" beginnen und rassistische Beleidigungen sind, ist hier aufschlussreich. Am Ende des 18. Jahrhunderts hat „N" gänzlich die Bedeutung von „schwarzer Sklave" angenommen, *N* und *schwarz* werden unterschiedslos verwendet. Dann ist die berechtigte Frage angebracht, welches Wunder denn das Vokabular des Feminismus vor Rassismus bewahrt hätte? Nehmen wir das Beispiel von Hubertine Auclert, eine der großen Figuren des französischen republikanischen Feminismus des neunzehnten Jahrhunderts, bekannt für ihren unermüdlichen Kampf für das Frauenwahlrecht, gegen den Code Napoléon, der die Frau zu einer ihrem Ehemann unterworfenen Minderjährigen gemacht hatte, und gegen die Todesstrafe. Als Sekretärin der Zeitung *L'Avenir des femmes* macht sie sich eine Formulierung von Victor Hugo zu eigen: „Frauen: welche ich Sklavinnen nenne", untersucht die Rolle der Frauen in den Revolutionen und prangert „die Versklavung der Frauen" an.[36] Laurence Klejman und Florence Rochefort, Autorinnen eines Buches über den französischen Feminismus fassen im Jahr 1989 Auclerts Kampf folgendermaßen zusammen:

> Sie schöpft ihre gesamte politische Bildung aus dem Feminismus und rebelliert ungeduldig gegen ihre Vorgänger, die sich mit einer prinzipiellen Forderung begnügen oder die Berücksichtigung des Frauenwahlrechts nachgerade ablehnen, weil diese Reform für das Regime eine Gefahr darstellen würde. Sie wählt Provokation als Taktik. Geschickt und phantasievoll vertritt sie von Anfang an eine politische Identität durch verschiedene Handlungen des zivilen Ungehorsams: Einschreibung in Wählerverzeichnisse, Steuerstreik, Verweigerung der Volkszählung mit der Begründung, wenn französische Frauen nicht wählen und also bei der Wahl nicht zählen, brauchen sie auch nicht zu zahlen oder gezählt zu werden.[37]

1881 gründet sie ihre eigene Zeitung *La Citoyenne.* Sie zeigt darin, wie die Prinzipien der Republik missachtet werden, betrachtet den 14. Juli als Feier der Männlichkeit und den Code Napoléon als ein Überbleibsel der Monarchie. Für Auclert gibt es eine Trennlinie, und das ist die *Farb-Linie.* In ihrem Text „Les femmes sont les nègres [*sic*]" protestiert sie gegen die Tatsache, dass schwarzen Männern in den Kolonien nach der Abschaffung der Sklaverei im Jahr 1848 das Wahlrecht gewährt wurde: „Dass den wilden *nègres* gegenüber den kultivierten weißen Frauen der Metropole der Vorzug gegeben wurde, ist eine Beleidigung für die weiße Rasse." Das Wahlrecht färbt sich unter der Feder der Feministin ein: „Warum wählen die weißen Frauen nicht, während die *nègres* wählen?", „In unseren fernen Besitztümern", fährt sie fort, „lässt man eine große Anzahl von Schwarzen wählen, die weder an unseren Ideen noch an unseren Angelegenheiten interessiert sind; währenddessen wird den aufgeklärten Frauen der Metropole der Stimmzettel verweigert, der sie daran hindern würde, im sozialen Räderwerk zermalmt zu werden." Die *Einfärbung* des Wahlrechts zeigt, wie stark das rassistische Vorurteil bei dieser Feministin ist: „Diese Parallelsetzung von halbwilden „*nègres*" ohne Aufgaben oder Verpflichtungen und zivilisierten Wählerinnen, die Steuern zahlen, aber nicht wählen dürfen, zeigt im Überflusse, dass Männer nur deshalb ihre Allmacht gegenüber den Frauen behalten, um diese Unterprivilegierten auszubeuten." Wir müssen also „verhindern, dass Franzosen Französinnen wie *nègres* behandeln".[38] Obskurantismus und Aufklärung gegeneinanderzustellen, heißt, den alten Gegensatz der Zivilisationen wiederaufzulegen, aber vor allem schlicht und einfach, die *Rassialisierung des Feminismus* zu akzeptieren. Das Universelle lässt sich nur schwer halten.

Die Frauen im französischen Kolonialismus

Mit folgenden Worten beschreibt Frantz Fanon die Rolle, die der Kolonialismus im zwanzigsten Jahrhundert den Frauen zuweist: „In einem ersten Schritt wurde ganz einfach die berühmte Formel ‚wenn wir die Frauen haben, wird der Rest folgen' aufgegriffen." Er fährt fort:

> „Die Kolonialverwaltung kann damit eine exakte politische Doktrin definieren:
> Wenn wir die algerische Gesellschaft in ihrem Aufbau, in ihrer Widerstandsfähigkeit treffen wollen, müssen wir zuerst die Frauen gewinnen; wir müssen sie hinter dem Schleier aufsuchen, hinter dem sie sich verbergen, und in den Häusern, in denen der Mann sie versteckt. Die Situation der [autochthonen] Frau wird von nun an als Handlungsschwerpunkt genommen. Die herrschende Verwaltung will feierlich die gedemütigte, ausgegrenzte, weggesperrte … Frau verteidigen.

Die enormen Möglichkeiten der Frau werden beschrieben, die der algerische Mann bedauerlicherweise zu einem trägen, aus dem Umlauf genommenen, sogar entmenschlichten Gegenstand gemacht hat. Das Verhalten des algerischen Mannes wird streng verurteilt und als Überbleibsel barbarischer mittelalterlicher Überlieferungen betrachtet. Mit unendlicher Gelehrsamkeit wurde eine pauschale Anklage gegen die sadistische und ausbeuterische Haltung des algerischen Mannes gegenüber den Frauen vorbereitet und zu Ende gebracht. Der Besatzer häuft um das Familienleben des Algeriers eine ganze Reihe von Urteilen, Einschätzungen, Abwägungen an, verbreitet Anekdoten und erbauliche Beispiele, und versucht dadurch, den Algerier in einen Kreis der Schuld einzuschließen."[39]

Diese Ideologie nährt den zivilisatorischen Feminismus des 21. Jahrhunderts – schwarzenfeindliche und orientalistische Darstellungen, vorgefasste Meinungen über „die" orientalische oder afrikanische Familie, über die Mutter und den Vater in diesen Familien. Die gesellschaftliche Realität hat in dieser Ideologie keinen Platz, denn dann wäre es notwendig, die menschliche und wirtschaftliche Katastrophe zu analysieren, zu der die republikanischen Politiken in den Kolonien geführt haben.[40] Die Versuche der französischen Armee, algerische Frauen zu entschleiern, die Darstellung der algerischen Kämpferinnen als Opfer (entweder des Militärs oder ihrer Brüder im Kampf, aber nie als Wesen, die frei eine Wahl treffen), die Gleichgültigkeit gegenüber der Weise, wie die republikanische Kolonialität Frauen aus Übersee und rassifizierte Frauen in Frankreich unterdrückt, die Weigerung, den Kapitalismus anzuprangern und der Glaube an die europäische Moderne bilden das Terrain, auf dem sich der zivilisatorische Feminismus entwickelt und die Aufmerksamkeit der Mächtigen gewonnen hat.

Die Angst, die die Beteiligung der Frauen an den nationalen Befreiungsbewegungen weckte, hat die Mobilisierung internationaler Institutionen, Stiftungen und Ideologen zur Folge: Sie schmieden Diskurse und entwickeln Praktiken bis hin zur Anwendung von Repression. Auf diese Weise haben sich Vorstellungen von Entwicklung und *women's empowerment* verbreitet und auch der Diskurs über „Frauenrechte". Dieser tritt als feministische Disziplinierungstechnik am Ende der 1980er Jahre auf den Plan, zeitgleich mit dem Diskurs zum „Ende der Geschichte" und dem „Ende der Ideologien", und wird von mehreren Ereignissen im ausgehenden 20. und frühen 21. Jahrhundert vorangetrieben.

Entwicklungspolitischer Feminismus

Bereits in den 1970er Jahren verfolgen internationale Institutionen und nordamerikanische Stiftungen Bestrebungen zur Kanalisierung und Ausrichtung der feministischen Bewegungen. Es ist ein Jahrzehnt, in dem Hunderte von Millionen Frauen Lohnarbeit aufnehmen. Die damaligen Transformationen des Kapitalismus waren ein entscheidender Auslöser für die Explosion von Niedriglöhnen und unsicheren Arbeitsverhältnissen, namentlich durch die weltweite Feminisierung unterqualifizierter Arbeit in Zonen wirtschaftlicher Öffnung und in der informellen Wirtschaft. Die fortschreitende Feminisierung der Arbeitsplätze, die während dieses Jahrzehnts zu beobachten war, ging Hand in Hand mit einer ganz deutlichen Zunahme der Ungleichheiten in der Welt. Der Konflikt zwischen einem revolutionären Ansatz der

Frauenbefreiung und einem Antidiskriminierungs-Ansatz, der auf Reformen in der Gesetzgebung und auf die Integration von Frauen in den Kapitalismus zielt, verschärft sich. Ersterer lehnt den Kampf für Reformen nicht ab, wendet sich aber gegen das Argument, das den Eintritt von Frauen in die Welt der Lohnarbeit als Möglichkeit zur Erlangung individueller Autonomie versteht, und setzt sich für die kollektive Organisation am Arbeitsplatz ein. Für den zweiten Ansatz bemisst sich Unabhängigkeit am Zugang zum Konsum und zu individueller Autonomie (das Bild der *corporate woman*, zu dem die Mode der Schulterpolsterjacken gehört ...). Schließlich waren die 1970er Jahre auch das Jahrzehnt der globalen Verbreitung antinatalistischer Politiken, die auf Frauen in der Dritten Welt abzielten. Die USA übernehmen dabei die Führung durch die finanzielle Unterstützung einer Politik der Geburtenkontrolle in ihren rassifizierten Gemeinschaften und in Südamerika. In einem lange vertraulich gebliebenen Dokument legt die Agentur für nationale Sicherheit (National Security Agency) die Gründe für diese Politik deutlich dar – zu viele junge Menschen werden auswandern wollen und bedrohen damit die Sicherheit der freien Welt – und rät, sie der Bundesbehörde anzuvertrauen.[41] In Frankreich fördert die Regierung Sterilisation und Abtreibungen in „Übersee"-Départements.[42]

Es sind jedoch nicht die Vereinigten Staaten, weder ihre Regierung noch ihre mainstream-feministische Bewegung, die die Frage der Frauenrechte auf das internationale Parkett tragen, sondern die Sowjetunion und die Länder der Dritten Welt. Diese nämlich schlagen in den frühen 1970er Jahren vor, dass die Vereinten Nationen ein „Jahrzehnt der Frauen“ organisieren. Ziel dieses 1975 ausgerufenen Jahrzehnts ist es, „den Zugang von Frauen zu Privateigentum und die Kontrolle über ihr Eigentum zu gewährleisten sowie die Verbesserung ihrer Rechte in Bezug auf Erbschaft, Kinderbetreuung und Nationalität“. Außerdem gilt es zu bekräftigen, dass „das Recht der Frauen ein integraler Bestandteil der Menschenrechte ist“, „die Gleichberechtigung der Geschlechter zu fördern und Gewalt gegen Frauen und Mädchen zu beenden.“[43] Diese bescheidenen Ziele werden jedoch bald beiseite geschoben, um stattdessen den Eintritt von Frauen in die neoliberale Ordnung zu fördern. Dennoch stehen die US-Regierungen dieser Initiative anfangs argwöhnisch gegenüber – sie sind immer noch von der Geburtenkontrolle in der Dritten Welt umgetrieben. Erst 1979 verkündet unter dem Präsidenten Carter die US-Regierung, „das Hauptziel der US-Außenpolitik [bestehe darin,] den Status und die Daseinsbedingungen der Frauen in der Welt zu verbessern“.[44] In Frankreich wird im Jahr 1974 ein Staatssekretariat für Frauenrechte geschaffen, was zeigt, dass die Institutionalisierung des Feminismus zu einem Ziel geworden ist. Die Frauenrechte sollen schrittweise ihrer politischen Bedeutung beraubt werden. Jedoch laufen die Dinge nicht ganz wie bei den vier Haupttreffen dieses Jahrzehnts – Mexiko-Stadt (1975), Kopenhagen (1980), Nairobi (1985) und Peking (1995) – vorgesehen.[45] Die Regierungen ermutigen zur Sammlung von Informationen über Frauen in der Welt – es ist der Beginn einer formidablen Bewegung der Ansammlung von Zahlen, Berichten, der Herausbildung von Frauenrechtsexpertinnen. Gegenüber westlichen Feministinnen, die in Kopenhagen den Nachdruck auf die Verurteilung von Klitoridektomie, Infibulation der Genitalien und anderen Menschenrechtsverletzungen legen, verurteilen Feministinnen aus arabischen Ländern und Subsahara-Afrika die Bezeichnungen „Bräuche von Wilden“ oder „rückständige Kulturen“, die von dem Willen zeugten, die Kämpfe der Frauen zu verwestlichen. In Nairobi tritt mit der Palästina-Frage ein Gegensatz zwischen einem dekolonialen Feminismus und einem Feminismus hervor, der sich nicht mit der Kolonialität auseinandersetzen möchte, letztlich rückt jedoch die Frage der Diskriminierung in den Mittelpunkt des Geschehens. In Peking kehrt wieder Ordnung ein. Das alternative Forum, in dem sich Tausende von Frauen drängen, befindet sich weit entfernt vom Stadtzentrum, seine Einrichtungen sind überdies völlig unzureichend, während für das offizielle Treffen alles vorgesehen ist, um es in eine Versammlung von Würdenträgern zu verwandeln. Die Regierungsverhandlungen finden hinter verschlossenen Türen statt.[46] Man baut an der Maschine des zivilisatorischen Feminismus, während sich die Situation der Frauen in der Welt immer mehr verschlechtert. In ihrer Abschlussrede des Treffens in Peking verkündet Hillary Clinton zwar, Frauenrechte seien Menschenrechte, entwirft diese jedoch in einem durch und durch westlichen Narrativ. Die Unabhängigkeitsbewegungen betonten hingegen mit Nachdruck, dass die Ausbeutung der Ressourcen des Südens beendet werden muss, sie klagten eine westlich dominierte Organisation der Information an und verteidigten ihre Auffassung von Gesundheit, Bildung, Frauenrechten. Diese Stimmen werden jedoch zugunsten eines Diskurses marginalisiert, der die Strukturen des Kapitalismus nicht in Frage stellt und aus den

Frauen ein homogenes gesellschaftliches Subjekt macht. All diese Jahre lang haben die Länder der Dritten Welt, die versuchten, den Frauenrechten einen dekolonialen Inhalt zu verleihen, die volle Wucht der Folgen von Strukturanpassungsprogrammen zu tragen gehabt. Der Internationale Währungsfonds und die Weltbank schreiben sich die Frauenrechte auf die Fahnen und in den späten 1970er Jahren wird die Formel des *women's empowerment* von Politikern des gesamten Spektrums übernommen, von rechts bis links, von den NGOs bis zu den Feministinnen des Nordens. Für die Weltbank ist Handlungsmacht von Frauen das Korrelat der Entwicklungspolitik und einer Politik der Senkung der Geburtenrate.[47] Für die NATO-Staaten werden die Frauenrechte den jeweiligen nationalen Werten und Interessen angepasst.[48]

Der zivilisatorische Feminismus der 1980er Jahre tritt das Erbe dieser ideologischen Rahmungen an, er hat de facto geholfen, sie einzurichten und sie mit Inhalt zu versehen. Strukturanpassungsprogramme, die Entwicklung und Autonomie versprechen, haben ein weibliches Gesicht bekommen. Sehr bald wird dieses Alibi dann in imperialistischen Kampagnen ins Feld geführt.

Mag auch der Feminismus als zivilisatorische Mission nicht neu sein – er diente dem Kolonialismus –, so verfügt er nun über außergewöhnliche Mittel zu seiner Verbreitung: internationale Versammlungen, Unterstützung durch westliche und postkoloniale Staaten, durch Frauenmedien, durch Wirtschaftszeitschriften, Regierungsinstitutionen und internationale Einrichtungen, Zuschüsse und Unterstützung der Weltbank, des Internationalen Währungsfonds, von Stiftungen und NGOs.

Internationale Entwicklungshilfeorganisationen machen Frauen zur Grundlage der Entwicklung im globalen Süden und behaupten bald, dass sie das ihnen anvertraute Geld besser verwalten als Männer,[49] dass sie wirtschaften können und die Auflagen der Programme besser achten und erfüllen. Es sind gute Kundinnen und daher sind es die Frauen, die die Welt verändern werden. Bei den Frauen des Südens werden Jahr um Jahr Hunderte von Entwicklungsprojekten hinterlegt – Werkstätten, Kooperativen, in denen die Herstellung von lokalen Produkten, Webarbeiten, Kunsthandwerk und Schneiderei wertgeschätzt wird. Frauen aus dem Norden werden ermuntert, ihre „Schwestern" im Süden zu unterstützen, indem sie ihre Produkte kaufen oder Geschäfte eröffnen, um sie zu verkaufen, oder indem sie sich in der Organisation von Programmen engagieren, die deren Autonomie stärken, ihr *empowerment* fördern, oder ihnen Unternehmensführung beibringen ... Es lässt sich nicht leugnen, dass Frauen im Süden davon profitieren, ihre Kinder in die Schule schicken können, aus dem Elend herauskommen, aber es kommt auch vor, dass diese Projekte keinerlei Konsequenzen in umgekehrter Richtung haben und nur den Narzissmus der weißen Frauen verstärken, die ja so gerne „helfen", solange es nicht ihr eigenes Leben durcheinanderbringt. Für die Feministin Jules Falquet ist das „*empowerment* der Frauen" eingeführt worden, um auf die Feminisierung der Armut zu reagieren, mit anderen Worten, um eine Politik der Befriedung und Gleichschaltung zu vollenden.[50] Um diesen Einfluss des NGO-Vokabulars zu veranschaulichen, möchte ich eine Erinnerung als Beispiel anführen: Im März 2018 nahm ich im Nordosten Indiens an einem Treffen von hundert Frauen aus den Stämmen Nagalands teil, ein von der indischen Armee besetztes Gebiet. Diese Frauen sind mit der Gewalt von Armee und Menschenhändlern konfrontiert, mit Vergewaltigungen, mit hohen Alkoholismus- und Selbstmordraten bei jungen Männern; sie halten ihre Gemeinschaften unter großem Krafteinsatz zusammen. Wenn sie von ihren Aktionen sprachen, verwendeten sie jedoch systematisch das NGO-Vokabular: *empowerment, capacity building, leadership, governance.*[51] Sie hatten gewissermaßen ihre Stimmen verloren und hatten das Erbe der NGO-Sprache angetreten. Die feministische Kritik an der Ideologie der Fürsorge hat mir erlaubt, eine Kritik an jener „Sprache" vorzuschlagen. Ich habe sie darauf hingewiesen, dass die NGOs sie dazu verurteilten, endlos die Bruchstücke der zerbrochenen Leben ihrer Gemeinschaften zu säubern und zu reparieren, aber ohne die wahren Verantwortlichen zur Rechenschaft zu ziehen. Warum sollten wir nicht ein wenig Zeit darauf verwenden zu begreifen, wer diese Gesellschaften eigentlich zerbrochen hat, und wie sie geschädigt wurden? Wer war für die Verzweiflung der Jugend verantwortlich? Wer war verantwortlich für die Vergewaltigungen, die willkürlichen Verhaftungen? Diese Frauen hatten die Antworten auf all diese Fragen, aber ihre Analysen waren durch den entpolitisierenden Diskurs der NGOs überdeckt, die sich zugegebenermaßen der staatlichen Zensur ausgesetzt wussten – eine Zensur jedoch, die sie, indem sie sie akzeptierten, aufrechterhielten. Indem sie eine Geschlechter-Theorie übernommen haben, die die Machtverhältnisse und die politischen Entscheidungen verschleiert, haben sich die NGOs dem schmalen Pfad angepasst, den die indische Regierung dieser Region aufzwingt. Auch hier geht es nicht darum, oberflächliche Kritik an dieser Politik zu üben, sondern beharrlich weiter zu untersuchen, wie das Verhalten der NGOs nicht nur entpolitisiert, sondern manchmal sogar zu neuen Unterdrückungen beiträgt. Zu einer bereits extrem breiten Palette muss man Befriedungstechniken wie *Girl's Power* hinzufügen (Frauen bleiben *girls*), Fernsehserien, Filme und so weiter. Einigen dieser Serien, Filme oder Artikel fehlt es durchaus nicht an Qualität (ich schaue sie mir gerne an), und ich bestreite nicht, dass sie wichtige Gegenmodelle für kleine Mädchen, junge Frauen und Frauen darstellen können. Aber die massive Verbreitung dieser Geschichten individueller Wege durch die neuen Medien lässt die Illusion fortbestehen, eine jede könne ihren Traum verwirklichen, wenn sie sich nicht scheut, bestimmte Normen in Frage zu stellen. Es sind Geschichten, die oft auf einer Psychologisierung der Diskriminierung beruhen. Der Kampf ist selten kollektiv, die strukturelle Grausamkeit und Brutalität der Macht werden selten explizit gezeigt. Die Heldinnen haben es mit Einzelpersonen zu tun, die ihre Macht überschreiten, aber das Strukturelle, das, was auf seit langem herausgebildeten Beherrschungs- und Ausbeutungsmechanismen beruht, denen Polizei, Armee, Gericht, Staat zur Verfügung stehen, das wird kaum angekratzt. Was es an Mut, an täglicher Anstrengung und kollektiver Organisation erfordert, um diese Strukturen zu beugen, wird nicht beleuchtet.

In den Jahrzehnten 1970–1990 entwickeln sich also Offensiven mit dem Ziel, den Feminismen dekolonialer Politik gegenzusteuern und sie zu schwächen. Der Feminismus soll zur Vernunft kommen und soll nicht mehr mit den „Powerfrauen“, „Hysterikerinnen“, „Anti-Männern“, „Lesben“ und „schlecht-Gefickten“ der 70er Jahre gleichgesetzt werden. Die Verankerung des „echten“ Feminismus und der Frauenrechte in Europa wird immer wieder bekräftigt, und die Feindseligkeit gegenüber Muslim*innen und Migrant*innen bietet diesem Feminismus die Gelegenheit, sich zu den europäischen Werten zu bekennen.

II. Die Entstehung eines zivilisatorischen Feminismus des 21. Jahrhunderts

Geliebter Laizismus

Am 27. November 1989 erschien in der französischen Presse ein Beitrag mit dem Titel „Zur Verteidigung des Laizismus. Für die Würde der Frau", unterzeichnet vom Verein Choisir (dessen Vorsitzende Gisèle Halimi ist), vom Club des égaux und von France Plus, die zu einer Versammlung in der Maison de la Mutualité aufriefen. Der Beitrag unterstützte ein am 2. November veröffentlichtes „Manifest an die Lehrer", das von Elisabeth Badinter, Régis Debray, Alain Finkielkraut, Elisabeth de Fontenay und Catherine Kintzler verfasst und an den damaligen Bildungsminister Lionel Jospin adressiert war. „Das islamische Kopftuch zu tolerieren, bedeutet nicht, ein freies Wesen (in diesem Fall ein junges Mädchen) willkommen zu heißen, sondern öffnet vielmehr denjenigen Tür und Tor, die ein für alle Mal und ohne Diskussion beschlossen haben, es in die Knie zu zwingen. Anstatt diesem jungen Mädchen einen Raum der Freiheit zu bieten, gibt man ihm zu verstehen, dass es zwischen der Schule und dem Haus des Vaters keinen Unterschied gibt. Wer das islamische Kopftuch, Symbol der Unterwerfung der Frau, de facto erlaubt, stellt den Vätern und Brüdern, das heißt dem strengsten Patriarchat unseres Planeten, einen

Freibrief aus. Demnach ist die Achtung der Gleichberechtigung der Geschlechter und der Entscheidungsfreiheit in Frankreich nicht mehr rechtsverbindlich."[52] Der Aufruf von Choisir übernahm die Argumente, die das „Manifest an die Lehrer" zur Unfreiheit der muslimischen Frau und zum Schleier als deren Symbol vorgebracht hatte. „Für die Frauen bleibt der Schleier das Symbol ihrer Unfreiheit und des Gesetzes, das ihre Unterlegenheit und ihre Unterordnung unter den Mann aufrechterhält."[53] Unterzeichnet hatten den Aufruf zur Verteidigung des Laizismus unter anderem die Widerstandskämpferin Lucie Aubrac, die Journalistin Madeleine Chapsal, die Theaterregisseurin Ariane Mnouchkine, die Autorinnen Victoria Thérame und Benoîte Groult, die Feministin Anne Zelenski, daneben Organisationen wie die LICRA (Ligue internationale contre le racisme et l'antisémitisme), die Ligue du droit international des femmes, die Association des femmes journalistes und das Mouvement français pour le planning familial – eine feministische Koalition gewissermaßen. Die Wahl eines so symbolträchtigen Versammlungsortes wie der Maison de la Mutualité (bevorzugter Ort für feministische Kundgebungen oder solche der antiimperialistischen extremen Linken in den 1970er Jahren) entbehrt nicht der Ironie. Aber darin sind auch die Vorboten der kommenden Bewegung zu erkennen. Diese arbeitet, indem sie sich Begriffe, geschichtsträchtige Orte und historische Figuren des Emanzipationskampfs aneignet, auf Befriedung hin. Auf der Versammlung im November 1989 wurde den rassifizierten Frauen, insbesondere den muslimischen, der Krieg erklärt. Diese Offensive, die vor fast dreißig Jahren gestartet wurde und ohne Umschweife ihren Feind benannte, den Islam, ist auch heute noch aktuell. Die Leiterinnen der Ligue du droit international des femmes, die Simone de Beauvoir (unter dem Namen „Ligue du droit des femmes“) gegründet hatte, äußerten in einem Schreiben ihre Besorgnis angesichts der Blindheit einer Linken, die nicht wahrnehme, dass „die Koranlehre mit mittelalterlichen Praktiken einhergeht, wie zum Beispiel die Zwangsverheiratung sehr junger Mädchen, manchmal noch vor der Pubertät, mit alten Männern.“[54] Die Texte der Ligue du droit international des femmes waren damals die gefährlichsten, denn sie vermengten die Verurteilung des Korans mit der des Schleiers, der weiblichen Genitalbeschneidung und der Verheiratung kleiner Mädchen.[55] Ihre Argumente beweisen, dass ein Orientalismus fortbesteht, der mit der Überzeugung einhergeht, dass „bei uns“ (in Frankreich) „die Frau dem Mann gleichgestellt ist“ und dass demzufolge, wie es die Abgeordnete Louise Moreau während der Parlamentsdebatten im November 1989 verkündete, der Schleier „ein grundlegendes politisches Problem darstellt, das an die Stellung der Frau, unsere nationale Identität und sogar die Zukunft unserer nationalen Gemeinschaft rührt“.[56] Die Zweihundertjahrfeier der Französischen Revolution ebnete ironischerweise einem orientalistisch gefärbten laizistischen Fundamentalismus den Weg. Alle „Sprachelemente“ (um mit den Worten derer zu sprechen, die uns regieren) des zivilisatorischen Feminismus werden hier in Stellung gebracht: auf der einen Seite der Islam, der die Unterwerfung unter den Mann und die absolute Macht der Väter und Brüder fordert, auf der anderen Seite die Gleichberechtigung der Geschlechter als Merkmal der europäischen Kultur und der emanzipatorischen, laizistischen Schule. Der Begriff „Patriarchat“ wurde nicht länger mit einer allgemeinen Form männlicher (folglich auch europäischer) Vormachtstellung in Verbindung gebracht, sondern als ein Wesenszug des Islam verstanden. Die europäischen Feministinnen sahen sich nicht nur als Avant-Garde der Frauenrechtsbewegung, sondern meinten auch, diese Rechte zu verbürgen. Sie präsentierten sich als letzte Frontlinie, die dem aus dem Süden erwarteten und alle Frauen bedrohenden Ansturm standhalten würde. Damals erkannte noch niemand die Tragweite dieses Diskurses, auch nicht, dass er zu einem Konvergenzpunkt zwischen politischen Kräften werden sollte, die sich a priori feindlich gegenüberstehen.

Eine weltweite Offensive gegen den globalen Süden und seine Subjekte weiblichen Genders

Was in Frankreich mit der Versammlung im November 1989 in Erscheinung trat, war Bestandteil der großen weltweiten Gegenoffensive, in der die Wirtschaftsinteressen des Kapitalismus, Strukturanpassungsprogramme, Standortverlagerungen, Deindustrialisierung, Maßnahmen zur Geburtenkontrolle, die Neuaufteilung der Welt nach der ersten Ölkrise im Jahr 1973, die Niederlage der USA in Vietnam 1975 und der „Fall der Berliner Mauer" (November 1989) ein System bildeten. 1989 feierte Frankreich den zweihundertsten Jahrestag der Französischen Revolution und war Gastgeber des Treffens der sieben reichsten Länder, der G7: Die Feierlichkeiten boten das Schauspiel einer glücklichen Globalisierung, und vor dem Hintergrund eines ideologischen Revisionismus, zu dessen Wortführer sich der Historiker François

Furet gemacht hatte, traten die Menschenrechte an die Stelle der Forderungen nach Gerechtigkeit, Freiheit und Gleichheit. Beim großen Festzug auf den Champs-Elysées mit dem Titel „La Marseillaise" wurden 6000 Künstler und Statisten für die Inszenierung von zwölf Tableaux vivants eingesetzt, wovon ein jedes einen „Stamm des Planeten" darstellte, der durch ein „kulturelles" Merkmal charakterisiert war: halbnackte Afrikaner, die im Rhythmus der Trommeln tanzten, Engländer unter künstlichem Regen, Sowjets, die im Gleichschritt durchs Gestöber einer Papierschneekanone marschierten, Frauen in Reifröcken, die Kinder aus allen Ländern in den Armen hielten ... Zur gleichen Zeit organisierte die Internationale Liga für die Rechte und die Befreiung der Völker (die das Ständige Tribunal der Völker organisiert) eine Veranstaltung in der Maison de la Mutualité – die wegen der Feierlichkeiten der G7 vollkommen unbemerkt blieb. Dieses „Erste Gipfeltreffen der sieben ärmsten Völker der Welt" knüpfte an die Allgemeine Erklärung der Rechte der Völker an, die 1976 in Algier verabschiedet worden war; 1989 galt es, zum Schuldenerlass für die Dritte Welt aufzurufen. Die einen Tag nach dem 14. Juli 1989 verabschiedete Abschlusserklärung richtete sich an die Staatschefs der G7. Darin hieß es: „Deshalb erklären wir feierlich, dass wir gestützt auf die am 4. Juli 1976 in Algier verkündete Allgemeine Erklärung der Rechte der Völker den ‚Großen' dieser Erde das Recht absprechen, heute die Botschaft der Französischen Revolution in Beschlag zu nehmen. An diesem Festtag der Freiheit betrachten wir es als heuchlerisch und sogar selbstmörderisch, über Gerechtigkeit und Wohlergehen zu sprechen, während die

Welt immer tiefer in Ungleichheit versinkt und Völker in hohem Maße marginalisiert werden […]. Wir verurteilen das Entscheidungsmonopol der Reichen, und zwar aus Prinzip, aufgrund seines antidemokratischen Charakters, aber auch aufgrund seiner konkreten Auswirkungen. Die Reichen wollen, dass das System wieder anläuft, der Profit wieder steigt; sie verlangen von den Armen, diesen ‚Aufschwung' nicht zu behindern, selbst wenn er die Ungleichheiten verschärft; sie behaupten, dass er dank dem Erfolg der Stärkeren auch für die Ärmsten langfristig einen Vorteil bedeutet."[57] Zwei Diskurse und zwei Ziele standen sich gegenüber: Die einen versprachen eine glückliche Globalisierung und eine harmonische Beziehung zwischen den verschiedenen „Stämmen" des Planeten unter der Ägide der Menschenrechte, die anderen versprachen, den Kampf gegen das Nord-Süd-Gefälle weiterzuführen, gegen die Ausbeutung der Reichtümer des Südens für den Wohlstand des Nordens, und sich für Rechte einzusetzen, die den Zugang zu Gesundheitsversorgung, Bildung und Grund und Boden gewährleisten. Für die einen sollte die Feier der Französischen Revolution dazu beitragen, endgültig zu begraben, was dieser an radikalen Ansätzen innegewohnt haben mochte; für die anderen waren die revolutionären Ideale weiterhin aktuell. Die gesamte europäische Linke, und mit ihr auch der zivilisatorische Feminismus, stürzte sich in die humanitär-liberale Agenda. Dieser Feminismus sah darin die Chance, endlich Zugang zu den Sphären der Macht zu erlangen. Der Kampf ist nun ein kultureller und der Feind bereits benannt: der Islam. Die globale Konfiguration gab dem zivilisatorischen Feminismus den nötigen Schwung, um die Gegenoffensive mitzutragen und den Frauenrechten einen neoliberalen Akzent zu verleihen.

Die Rekrutierung von Frauen für die zivilisatorische Mission im liberalen Zeitalter

Einen Monat zuvor, am 24. Oktober 1989, hatte das Mouvement français pour le planning familial (MFPF, Französische Bewegung für Familienplanung) einen Text veröffentlicht, in dem der Schleier als „religiöses Symbol" und „insbesondere als ein Zeichen der geschlechtsspezifischen Diskriminierung und Symbol der Unterwerfung" bezeichnet wurde. In den 1970er Jahren hatten Frauengruppen und Feminist*innen Themenbereiche entwickelt, die stark emanzipatorisch waren, trotz ihrer Einschränkungen: Verurteilung des religiösen Autoritarismus, aber nicht der Religion als solcher, Analyse der Ursachen der Diskriminierung und der Mechanismen, die die Unterwerfung der Frau unter die heteropatriarchalische Ordnung strukturieren, die Verflechtungen von Staat, Kapital und Sexismus. Nach dem Fall der Mauer wurden diese Ansätze verzerrt und formelhaft auf das Loblied des Laizismus und Warnungen vor den Gefahren des Schleiers, der Unterdrückung durch muslimische Brüder und Väter usw. reduziert. Durch diese Regression konnte der zivilisatorische Feminismus seinen Platz in der „neuen Weltordnung" finden. Diese Umwandlung des Feminismus ist symptomatisch für das „Ende der Geschichte".

Der Auftrag des zivilisatorischen Feminismus ist eindeutig: Die europäischen Frauen führen einen Kreuzzug gegen die Geschlechterdiskriminierung und die Symbole der Unterwerfung, die in Gesellschaften außerhalb Westeuropas Fortbestand hatten; sie gebaren sich als eine Armee, die den Kontinent vor der Invasion von Ideen und Praktiken, vor Frauen und Männern, die ihre Errungenschaften bedrohten, schützen sollte. Diese Erzählung ist natürlich eine Lügengeschichte, für die die Frauenkämpfe der 1970er Jahre entpolitisiert und der Feminismus der Dritten Welt sowie die Beiträge des schwarzen Feminismus ausgeblendet werden mussten. Die individuelle Freiheit – sich zu kleiden, wie man möchte (abgesehen vom Tragen des Schleiers) – wurde zum Symbol der Kämpfe der 1970er Jahre; dies bedeutete natürlich einen Affront gegenüber den Kämpfen der Arbeiterinnen, der Einwanderinnen, der aus politischen Gründen geflohenen Frauen. Der Feldzug des zivilisatorischen Feminismus wurde zu einem universellen Kampf des Guten gegen das Böse. Das MFPF schrieb weiter: „Wir rufen unsere muslimischen Schwestern, deren Mut wir kennen, auf, einen klaren Blick zu bewahren. Diesen Mut, den Mädchen und junge Frauen, die zwischen dem Bedürfnis, sich vom Joch der Männer zu befreien und dem Wunsch, mit ihrer kulturellen Gemeinschaft verbunden zu bleiben, hin- und hergerissen sind, so oft bekunden."[58] Diese Erklärung inszeniert die Kolonialität einer Schwesternschaft, die nicht nur eine Kultur naturalisiert, sondern auch die Position der großen Schwester einnimmt, eine Haltung, die jener „Brüderlichkeit" der französischen kommunistischen Linken nicht unähnlich ist, die Aimé Césaire in seinem Rücktrittsschreiben von 1956 an Maurice Thorez verurteilt hatte – Bruder, ja, aber großer Bruder. Die tausendjährige Unterwerfung der muslimischen Frau, der Laizismus als Grundlage der Freiheit der Frauen, der Islam als Korsett der Gemeinschaft, die „muslimische“ oder „islamische Kultur“ als Feindin der kleinen Mädchen und jungen Frauen, die muslimischen Frauen als potentielle Verbündete und Komplizinnen des feministischen zivilisatorischen Auftrags, das werden lauter Ideologien, die von den feministischen Bewegungen, der Welt der Wirtschaft, von Rechtsextremen und den Regierungen weitgehend angenommen wurden.

Die Versammlung im November lieferte den Debatten, die gleichzeitig in der Nationalversammlung stattfanden, Argumente für die Schleierfrage an den Schulen. Die Pariser Abgeordnete der Rechten, Michèle Barzach, künftige Gesundheitsministerin (1986–1988), bediente sich ihrer im Sinne der von Fanon definierten Kolonialpolitik: „Wenn wir die Frauen haben, wird der Rest folgen.“ „Nur über die Frauen kann die Integration der muslimischen Bevölkerung gelingen, denn sie sind diejenigen, die die Fesseln der Tradition sprengen und die Missstände dieser Tradition beseitigen, sofern solche vorhanden sind,“[59] erklärte sie. Dieses Argument wurde umgehend von Michèle André übernommen, der Staatssekretärin für Frauenrechte in der sozialistischen Regierung von Michel Rocard, um in ein und demselben Satz Zwangsverheiratungen, weibliche Genitalbeschneidung und die Unterwerfung heranwachsender Mädchen „von zwölf bis fünfzehn Jahren“ unter das „Gesetz der Väter und Brüder“ anzuprangern.[60] Das Gesetz der Väter und Brüder (Mütter existieren nicht oder nur als stillschweigende, den Ehemännern und Söhnen unterworfene Statistinnen) wurde als kulturelle Tatsache naturalisiert. Muslimische Männer seien härter, unerbittlicher, herrschsüchtiger als die übrigen Männer. Die Integration muslimischer Frauen in westliche, sogenannte demokratische Gesellschaften wurde infolgedessen daran bemessen, inwieweit es gelingt, sie dazu zu bringen, dass sie sich von ihren Familien und Gemeinschaften entfernen und sich an deren Stigmatisierung beteiligen. Das ist ein ideologischer Wendepunkt. Bereits in den frühen 1990er Jahren befürwortete die Weltbank den Mikrokredit für Frauen, während für internationale Gremien die Geburtenkontrolle im globalen Süden ein zentrales Thema blieb. Die Kairoer Weltbevölkerungskonferenz von 1994 erkannte diese zwei Ansätze an, und der Mikrokredit wurde zur Universallösung für die Frauenarmut (verursacht durch Strukturanpassungen). Muhammad Yunus, „Vater" des Mikrokredits, „Banker der Armen", erhielt 2006 den Friedensnobelpreis.[61] Sein „Werk" war Anlass für eine weltweite Kampagne zur Stärkung der Handlungsfähigkeit der Frauen mithilfe des Bankkredits. Die Frauen des globalen Südens wurden hiermit zur leichten Beute für die Entwicklungspolitik bestimmt.

Diese Kampagnen waren Teil einer ideologischen Offensive gegen die lange Geschichte der antikolonialen Kämpfe und wurden von einer Linken initiiert, die diese Kämpfe unterstützt hatte (wenn auch meist spät und nur halbherzig). Für einen Teil der französischen Linken bildete der algerische Unabhängigkeitskrieg nunmehr ein glorreiches Kapitel ihrer Geschichte, zugleich bedauerte sie aber, dass die Algerier, weil sie die europäische Demokratie nicht angenommen hatten, die Frauen unweigerlich zur Unfreiheit verurteilten. Dies gelte generell für alle Befreiungskämpfe im Süden, sagte diese Linke; es sei ihnen nicht gelungen, die Frauen zu befreien. Die

Feminist*innen waren die ersten, die dieses Versagen hervorhoben. Dazu stützten sie sich oft auf Zeugnisse von Frauen aus dem Süden. Aber das Verfahren, das daraus bloß eine Entgegensetzung zweier Patriarchate machte, das traditionelle Patriarchat des Südens und das moderne Patriarchat des Nordens, gab der Kritik eine andere Richtung und verlieh ihr eine zivilisatorische Bedeutung. Nunmehr bemühte sich der hegemonische Feminismus mit allen Kräften darum nachzuweisen, dass diese Situation das Ergebnis eines naiven Antikolonialismus war. Die Vorstellung einer europäischen Überlegenheit kehrte zurück und das Argument verbreitete sich, wonach die unabhängig gewordenen Länder „die Frauen wieder zurück in die Küche geschickt haben". Jegliche Kritik an dieser Haltung wurde als „kultureller Relativismus" verstanden. Es hätte jedoch genügt, sich mit der dekolonialen feministischen Kritik an den Positionen postkolonialer Regierungen vertraut zu machen, um zu erfahren, was eine feministische Analyse ausmacht.[62]

Zu Beginn der 2000er Jahre fokussierte sich der zivilisatorische Feminismus, der sich in Frankreich inzwischen institutionalisiert hatte, weiterhin auf die Geschlechterdiskriminierung. Wenn dieser Feminismus jenen Frauen Vorteile brachte, die Zugang zu Führungspositionen gefunden hatten, dann nur deshalb, wie es das INSEE selber anmerkte, weil „die Entwicklung der Arbeitsplätze im Dienstleistungssektor, die vormals oft im häuslichen Bereich angesiedelt waren, eine Vorbedingung für den Zugang von Frauen zu qualifizierteren Stellen war, indem die Möglichkeiten der Kinderbetreuung und von Mahlzeiten außer Haus erweitert wurden … Während sich die Ungleichheiten zwischen den Geschlechtern langsam verringern", so der Bericht des INSEE, „entstehen neue Formen von Ungleichheiten zwischen den Frauen selbst: Einerseits die Frauen, die eine interessante, gutbezahlte Arbeit haben, die das männliche Erfolgsmodell mit dem Familienleben und den häuslichen Notwendigkeiten vereinbaren können, andererseits jene, die mit prekären Arbeitsverhältnissen, unfreiwilliger Teilzeitarbeit und niedrigen Löhnen kämpfen und im häuslichen Bereich keine Unterstützung haben."[63] Die Fokussierung auf den Schleier verhinderte jedoch eine Auseinandersetzung mit diesem Widerspruch. 2004 verabschiedete das französische Parlament das Gesetz zum Verschleierungsverbot an öffentlichen Schulen, und bald ergriffen mehr und mehr europäische Regierungen Maßnahmen und erließen Gesetze, deren Gegenstand die muslimischen Frauen waren. Feministische dekoloniale Bewegungen wurden weiterhin attackiert und ihre Aktivistinnen in Europa beleidigt, bedroht, vor Gericht gezerrt, sie wurden des Rassismus gegen Weiße und des Antisemitismus beschuldigt, mit dem Ziel, die dekolonialen Bewegungen und die Afro- und muslimischen Feministinnen leichter der Zensur unterwerfen zu können. Binnen zwei Jahrzehnten waren die Ziele der feministischen zivilisatorischen Mission, 1989 in Paris lanciert, zu denen der Regierungen geworden; der europäische Kreuzzug gegen den Islam läuft unter dem Zeichen der Verteidigung der Frauenrechte.

Rassifizierte Frauen wurden in die Reihen der zivilisatorischen Feministinnen aufgenommen, vorausgesetzt, sie schlossen sich der westlichen Lesart der Frauenrechte an. Deren Ideologie zufolge waren die Feministinnen des globalen Südens nicht integrierbar, denn sie bewiesen, dass es unmöglich war, die durch Imperialismus und Kapitalismus geschaffenen Widersprüche mit den Begriffen der Integration, Parität und Diversität zu beseitigen. Der konterrevolutionäre Feminismus nahm somit die Form eines Femonationalismus an, eines Femoimperialismus, eines Femofaschismus oder eines *marketplace feminism* (Marktfeminismus[64]). Diese Feminismen, die nicht immer mit den gleichen Argumenten und Vorstellungen arbeiteten, trafen sich jedoch in einem Punkt: Sie glaubten an einen zivilisatorischen Auftrag, der die Welt aufteilt in Kulturen, die für die Gleichstellung der Frauen offen sind, und solche, die dieser feindlich gesinnt sind.

Nach dem, was in den Medien als ein von der muslimischen Kultur und Religion diktierter sexistischer Angriff auf weiße Frauen am Kölner Hauptbahnhof am 31. Dezember 2015 präsentiert wurde, erklärte Alice Schwarzer, führende Figur des deutschen Feminismus der 1970er Jahre, die mit Simone de Beauvoir befreundet war, dass heutzutage der „Antirassismus mehr gilt als der Antisexismus".[65] Sie sprach von einer „Art ‚Pawlow'scher Fremdenliebe', die in Wirklichkeit nur die Kehrseite des Fremdenhasses ist", und bekräftigte: „Wir wollen unsere hart erkämpften Rechte nicht verlieren!" Für Schwarzer sind es die Muslimen, die die feministischen Errungenschaften gefährden. Doch weder die Bedrohung der Rechte auf Abtreibung und Empfängnisverhütung noch die Ausbeutung von Migrantinnen und rassifizierten Frauen noch das Systematischwerden der unterbezahlten und unterqualifizierten Teilzeitarbeit für Frauen gehen auf das Konto von Muslimen. Schwarzer schreckte nicht davor zurück, an traumatische Ereignisse in Deutschland zu erinnern (die Vergewaltigungen deutscher Frauen durch sowjetische Soldaten, die jedoch mit derselben Brutalität von amerikanischen Soldaten begangen wurden), als sie sagte: „Zum ersten Mal seit dem Zweiten Weltkrieg waren Frauen Opfer von massiver, organisierter sexueller Gewalt im Herzen Europas."[66] Mit anderen Worten: Die muslimischen Männer von 2015 sind die Nachkommen der sowjetischen Soldaten, die aus einem wilden und brutalen Osten kamen. Heute sind es die „Islamisten", die sich der Vergewaltigung schuldig machen, die „Gefallen daran finden, ihre Frustration und Arbeitslosigkeit in ein Gefühl der Überlegenheit gegenüber den ‚Ungläubigen' zu verwandeln und sich daran weiden, Frauen zu erniedrigen".[67] In einem Interview zeigt Schwarzer, wie grundlegend für die neue Zivilisationsmission das Argument der französischen zivilisatorischen Feministinnen hinsichtlich der Schleierfrage ist, wenn sie sagt: „Der Schleier ist die Flagge und das Symbol der Islamisten", die „seit den 1980er Jahren einen Kreuzzug im Herzen Europas führen".[68] Für Khola Maryam Hübsch war es ein leichtes Spiel, Schwarzers Islamophobie, ihren Kulturchauvinismus und die Nähe ihrer Standpunkte zum Rechtsradikalismus aufzudecken.[69]

Liberale Inklusion

Ohne Zaudern macht sich der Kapitalismus den *corporate feminism* zu eigen (der die Integration in dessen Welt fordert) oder auch den Diskurs der Frauenrechte, demzufolge die Ungleichheit zwischen Frauen und Männern vornehmlich eine Frage der Mentalität und der mangelnden Bildung ist und nicht eine Frage oppressiver Strukturen. Natürlich sind ein Mentalitätswandel und eine antirassistische und antisexistische Erziehung nicht zu vernachlässigen, keineswegs, aber hier geht es vor allem darum, die Hartnäckigkeit zu verurteilen, mit der weiterhin verleugnet wird, dass es sich um strukturelle Faktoren handelt, dass ohne den Rassismus der Rassen-Kapitalismus zusammenbräche und mit ihm eine ganze Welt, die auf Unsichtbarmachung, Ausbeutung und Enteignung gründet. Die Auffassung, die Welt würde sich verändern, wenn wir unsere Mentalitäten ändern würden, wenn wir lernen würden, Unterschiede zu akzeptieren, beruht auf einer idealistischen Vorstellung von sozialen Beziehungen. Aber diese Idee besticht, weil sie uns erspart, auf diese Strukturen einzuwirken. So lässt sich der weltweite Erfolg von *We Should All Be Feminists* von Chimamanda Ngozi Adichie (auf Deutsch: *Mehr Feminismus!*) erklären.[70] Für das 21. Jahrhundert empfiehlt das Buch einen inklusiven Feminismus, indem es zeigt, welche Auswirkungen die Geschlechterspaltung Frau/Mann auf die Männer hat. Tatsächlich sind die Erwartungen an die heteronormative Männlichkeit sehr hoch, ein Mann zu sein, bedeutet oft, sich einer ganzen Reihe widersprüchlicher und repressiver Forderungen hinsichtlich seiner Gefühle, seiner Wünsche und seines Körpers unterwerfen zu müssen. Kritik am männlichen, militarisierten, starken Körper, der kein Zeichen von Weiblichkeit (die mit Schwäche assoziiert wird) zeigen darf, findet heute ein breiteres Echo, und Untersuchungen zur virilistischen Männlichkeit überschneiden sich häufig mit denen zur weißen Suprematie und zum Kapitalismus. Der weiße Mann (eine weitere Erfindung der Kolonie) stellt ein wirksames Instrument rassialer Kontrolle dar und die Analyse der Kolonialität von Geschlecht kann nicht darauf verzichten, die verschiedenen Formen von Männlichkeit in den Blick zu nehmen. Aber strukturelle Hindernisse stehen der Gleichheit entgegen, bereits der Gleichheit aller Frauen untereinander und dann auch der aller Männer. Der in *Mehr Feminismus!* gepriesene inklusive Feminismus erweist sich als unrealisierbar, da Frauen nicht alle gleich sind, Männer nicht alle gleich sind; Gleichheit mit welchen Männern sollten Frauen folglich anstreben? Rassismus und Klassenunterschiede, die miteinander verknüpft sind, stehen dem entgegen. Mit anderen Worten ist das Argument von *Mehr Feminismus!* aus zwei Gründen nicht haltbar. Zum einen vertritt das Buch eine Vorstellung vom inklusiven Feminismus, die jegliche Kritik vonseiten der schwarzen und dekolonialen Feminismen ausblendet. Denn letztere beabsichtigen ja gerade, die *gesamte* Gesellschaft zu befreien, und haben nicht vor, sich von den Männern „zu trennen". Zum anderen reduziert ein derartiges Argument den Feminismus auf einen simplen Mentalitätswandel, der für alle Frauen und alle Männer gilt, jederzeit und an jedem Ort. In ihrem großartigen Buch *In the Wake. On Blackness and Being* kommt Christina Sharpe mehrmals auf dieses Ungedachte zurück, denn der weiße, bürgerliche Feminismus hat seine Entkolonisierung nie vollzogen. Sharpe zitiert Saidiya Hartman, die in einem Gespräch mit Frank Wilderson von „einem strukturellen Tabu (und weniger [von] einer absichtlichen Weigerung)" spricht, „das den *W*eißen verbietet, sich mit den *S*chwarzen* zu verbünden, und zwar aufgrund der Aufteilung der menschlichen Spezies in diejenigen, die Subjekte und diejenigen, die Objekte sind: ein struktureller Antagonismus".[71]

Femonationalismus, Geburtenrate und BUMIDOM

Eine der Erscheinungsformen dieses strukturellen Konflikts ist das Aufkommen des Femonationalismus.[72] Für Sara Farris, die diesen Begriff geprägt hat, bezeichnet der Femonationalismus die Ausbeutung feministischer Themen durch islamfeindliche Nationalisten und Neoliberale (die sich auch gegen die Zuwanderung aussprechen können) und die Beteiligung von Feministinnen oder „Femokratinnen" an der Stigmatisierung muslimischer Männer. Farris verwendet auch den Begriff „femocratic nationalism".[73] Zur Analyse dieser Konvergenz untersuchte Farris einerseits die im Namen der Geschlechtergleichheit von rechtsextremen und neoliberalen Parteien Westeuropas unterstützten fremdenfeindlichen und rassistischen Kampagnen und andererseits die Anstrengungen bedeutender Feministinnen und Femokratinnen, den Islam als eine von Natur aus frauenfeindliche Religion und Kultur darzustellen.[74] Diese Kampagnen, präzisiert Farris, sind untrennbar mit dem Strukturwandel des Arbeitsmarkts in den 1980er Jahren, insbesondere im Pflegebereich, verbunden. Um Migrantinnen und muslimischen Frauen den Zugang zu diesem Markt zu erleichtern, entwickelte der Femonationalismus folgendes Argument: Diese Frauen – vor allem Musliminnen – müssen vor der männlichen Vormachtstellung gerettet werden, deren Brutalität ihrer Kultur inhärent ist, und ihre Emanzipation kann nur stattfinden, wenn sie ermutigt werden, in den neoliberalen Arbeitsmarkt einzutreten. Die Berufe, die sie erwarten – Haushaltshilfe, Altenpflegerin und Kinderbetreuerin oder Angestellte in der Reinigungsindustrie –, sollen ihnen zu mehr Autonomie verhelfen und den Frauen der europäischen Mittelschicht ermöglichen, ins Berufsleben einzusteigen. Weiße Feministinnen, die diese Kampagnen unterstützen, finden es natürlich, Frauen zu Tätigkeiten zu ermuntern, die der Feminismus seinerzeit als entfremdend verurteilt hat und die die männliche Vorherrschaft den Frauen vorbehalten hatte. Manchmal finden sie Verbündete unter den rassifizierten Frauen, die die Rolle des *native informant,* der Vermittlerin spielen, der Übersetzerin des neoliberalen Vokabulars in eine Sprache, die Begriffe wie Selbstbestimmung und Freiheit hervorhebt. Auch wenn berücksichtigt werden muss, dass die Schicksale der Migrantinnen vielgestaltig sind und dass sie durchaus in der Lage sind, sich Autonomie zu verschaffen und den Lockrufen des Femonationalismus und des weißen Feminismus zu widerstehen, bleibt ihre Zwangsrekrutierung für die Neubelebung von Rassismus und nationaler (weißer) Identität ein entscheidender und strukturierender Faktor. Für die Entstehung des Femonationalismus im metropolitanen Frankreich möchte ich jedoch ein anderes Datum vorschlagen als die von Farris ausgemachten 2000er Jahre. In der Tat lässt sich der Femonationalismus bereits in den 1960er Jahren erkennen. Zu dieser Zeit unterstützten eine repressive prokoloniale Rechte in den französischen Übersee-Départements und die verschiedenen Regierungen die Jugendmigration und die Geburtenkontrolle, während sich die Gesellschaft in der Metropole modernisierte. Auch wenn der Feminismus im Hexagon einige Initiativen ergriffen hat, über die Situation der Frauen auf den Antillen zu schreiben,[75] muss erwähnt werden, dass er die Frage der „antillischen Männlichkeit" aus einem Blickwinkel angeht, der die Sklaverei psychologisierte. Die Modernisierung der französischen Gesellschaft der 1960er Jahre vollzog sich auf der Grundlage der Verdrängung ihrer kolonialen Vergangenheit.[76] Die Metropole brauchte weibliche Arbeitskräfte für C-Stellen im öffentlichen Sektor – in Krankenhäusern, Kindergärten, Altenheimen, Vorschulen. Die Erwerbsbeteiligung (außerhalb der Fabriken) einer immer größeren Anzahl von weißen Frauen erforderte, dass rassifizierte Frauen die Aufgaben der sozialen Reproduktion übernahmen – Kinderpflege, Haushalt, Küche –, und mittelständische Familien wollten Hausangestellte. Um diesen Bedürfnissen gerecht zu werden, schuf die Regierung eine Einrichtung, das BUMIDOM,[77] das die Auswanderung junger Menschen aus den Antillen, Französisch-Guayana und La Réunion organisierte. Doch nachdem es in den ersten Jahren vor allem Männer rekrutiert hatte, zielte das BUMIDOM bald in erster Linie auf Frauen ab.[78] Die Einrichtung suchte nach „Kandidatinnen für eine Niederlassung in der Metropole und eine direkte Anstellung als Haushaltshilfe“ und argumentierte ferner: „Die Anstellung in einem Haus kann für die mutige junge Frau, die über einen gewissen Bildungsgrad verfügt, auch als Mittel betrachtet werden, sich im Rahmen einer Familie in der Metropole einzuleben und die freie Zeit zu nutzen, ihr Wissen zu erweitern und sich auf Prüfungen und Bewerbungsverfahren vorzubereiten, die ihr die Türen zu anderen Berufen öffnen.“[79] Das BUMIDOM legte den Akzent auf den Autonomiegewinn und die Berufsbildungschancen für diese Frauen. Stephanie Condon, die die Migration von Antillanerinnen untersucht hat, spricht von einer „Konzentration von Arbeitsplätzen für Frauen in einer kleinen Anzahl von Sektoren, wobei die Hälfte der Frauen im öffentlichen Dienst beschäftigt ist; Krankenhäuser, Sozialdienste, Postämter sind Bereiche, in denen es viele ‚weibliche' Arbeitsplätze gibt".[80] Die Anzahl der vom BUMIDOM rekrutierten Frauen von den Antillen wuchs sehr schnell: Im Jahr 1962 „gab es in der Metropole 16 660 Frauen und 22 080 Männer von den Antillen, im Jahr 1968 waren es jeweils 28 556 und 32 604. Bei der Volkszählung von 1968 zählte man 13 736 Frauen und 15 152 Männer, die sich seit 1962 in der Metropole niedergelassen hatten".[81] Die organisierte Auswanderung von weiblichen Arbeitskräften war somit nicht nur eine Antwort auf den Bedarf, der durch die Neuordnung des Kapitalismus in Frankreich entstanden war, sondern auch auf die soziale und politische Umstrukturierung in den Überseegebieten. Ich möchte hiermit andeuten, dass in Frankreich eine Form des Femonationalismus aufkam, als es seinen rassialisierten Raum, nachdem Algerien unabhängig geworden war, neu organisierte. Die Grundlagen des Femonationalismus der 2000er Jahre wurden daher bereits in den 1960er Jahren gelegt. Dass die Feministinnen der Metropole das „postkoloniale" Moment ausblenden – wobei sich die Verdrängung der kolonialen/rassialen Vergangenheit und die Reorganisation des Kapitalismus miteinander verflechten –, währt also bereits lange.

Die Migrations- und Geburtenkontrolle und die Beschaffung von weiblichen und rassifizierten mobilen Arbeitskräften stehen auch im 21. Jahrhundert im Mittelpunkt der neoliberalen Politik, die von den zivilisatorischen Feministinnen befürwortet wird: Etwa die Politik der Gates Foundation, die verspricht, den Zugang zu Informationen über die Empfängnisverhütung für 120

Millionen Frauen in den ärmsten Ländern der Welt bis 2020 zu erleichtern, indem sie den Vertrieb von neuen Technologien fördert, insbesondere von Hormonimplantaten (Norplant, Sinoplant, Jadelle, die in den Arm eingesetzt werden) oder Injektionslösungen (Depo Provera, Noristerat, die tief in die Gesäßmuskeln injiziert werden und sich langsam freisetzen).[82] Die Zielländer sind vor allem Indien, Nigeria und Brasilien, wo die Sterilisationsrate von schwarzen Frauen sehr hoch ist (42% der Frauen).

Das Erstarken des zivilisatorischen Feminismus war vorhersehbar. Er hatte ein erstes Dasein in der Zeit des Kolonialismus, mit seinem System der Versklavung, das über sein historisches Ende hinauswirkt. Die postkoloniale Zeit hat ihm in Frankreich neue Kraft verliehen. Indem er sich die Fiktion zu eigen macht, der Kolonialismus habe im Jahr 1962 sein Ende gefunden, übersieht er die Existenz eines großen „Übersee"-gebiets, das sich aus der Zeit der Sklaverei und ihrem Erbe und aus der Gegenwart rassifizierter Frauen in Frankreich zusammensetzt. So wurde er zu einer Ideologie, die sich zur Komplizin neuer Formen des Kapitalismus und des Imperialismus machte. Zu den bewaffneten Interventionen Frankreichs in seinen ehemaligen Kolonien auf dem afrikanischen Kontinent schweigt diese genauso wie zu den neuen Formen von Kolonialität und staatlichem Rassismus sowohl in den „Übersee"-gebieten als auch in Frankreich.

Die Wiederaneignung der aktivistischen Erzählung

Eine der ideologischen Waffen, die der zivilisatorische Feminismus am Ende der 1980er Jahre einsetzte, war die Befriedung von aktivistischen Identifikationsfiguren der Frauenbewegung und die Neuschreibung unserer Kämpfe. Es ging dem Staat, seinen Institutionen und den politischen Parteien nicht mehr darum, die Existenz emanzipatorischer Kämpfe zu leugnen: Das gängigste Verfahren bestand nun darin, einige sorgfältig ausgewählte Figuren zu integrieren und zu „weißen" – „blanchir", in jedem Sinne des Wortes. Auch die 68er-Bewegung wurde auf diese Art befriedet, und diejenigen, die „vom Mao-Kragen zum Rotary Club" übergewechselt sind, waren nun in den Korridoren der Macht willkommen. Die einst vielgestaltige französische Frauenbefreiungsbewegung MLF (Mouvement de libération des femmes[83]) hatte somit ihre Tragweite verloren. Obwohl der Name auf Dekolonisierungsbewegungen zurückgeht, hatte das MLF verdrängt, was es den Kämpfen gegen den Kolonialismus und die Sklaverei verdankte. Es muss hier daran erinnert werden, dass die Bezeichnung „Mouvement de libération des femmes" gewählt wurde, weil der Begriff „Feminismus" in dieser Zeit keine Vorrangstellung hatte. Für einige Gruppen, insbesondere für die marxistischen Feminist*innen und diejenigen, die den antiimperialistischen Linksextremen und der Kommunistischen Partei nahestanden, war die Bezeichnung mit einer bürgerlichen Haltung assoziiert, die die soziale Frage vollkommen außer Acht ließ; für andere vernachlässigte sie die Frage des Unbewussten.[84] Wieder andere sprachen sich für eine politische Annäherung an die Frauenfrage aus, entwickelten eine Kritik des patriarchalischen und imperialistischen Staates und setzten sich verstärkt mit der sozialen Dimension des Lebens der Frau auseinander; für andere Strömungen lag der Schwerpunkt auf der Kritik der Heteronormativität. Von der zweiten Hälfte der 1970er Jahre an traten zunehmend Gruppen von rassifizierten Frauen in Erscheinung.[85] In Frankreich wie in Italien gingen schließlich weiße Feministinnen vehement gegen die Fokussierung auf Kämpfe um Gesetzgebungen vor (Abtreibung, Verhütung, Vergewaltigung), weil man sich mit ihnen einem patriarchalischen Staat und einer Klassenjustiz anvertraute. Die rassiale Struktur des Staates, der Justiz und der Medizin wurde jedoch immer noch nicht infrage gestellt. Um zu einer legitimen Bewegung zu werden, um in den Sphären der Macht Einlass zu finden, um Staat und Kapital zu überzeugen, dass es einen Feminismus gibt, der nicht nur keine Bedrohung darstellt, sondern auch zu einer ideologischen und politischen Waffe werden könnte, musste der zivilisatorische Feminismus den militanten Feminismus verwandeln, indem er das ehemalige Feindbild (das weiße Patriarchat, den Staat, das Kapital) gegen den Islam austauschte. In Frankreich ging es also darum, das MLF, bereits geschwächt durch die von der sozialistischen Regierung 1981 unternommene Institutionalisierung, in eine feministische Bewegung umzuwandeln, die die Parität fordert, eine ganz banale sexuelle Befreiung anstrebt, zugleich aber ein repressives Vorgehen gegen Sexarbeiter*innen verlangt, und die Bikini und Minirock zu Symbolen der Frauenbefreiung macht. Damit ließ man natürlich die Frauenbewegungen in den Fabriken, die Lesben- und Queer-Bewegungen und die antiimperialistischen Feministinnen verschwinden. Aber das Vorgehen war notwendig, um der neoliberalen Ideologie wieder ein wenig Glanz zu verleihen, die sich von einem allzu lästigen Patriarchat abgrenzen musste, umso mehr, als dieses mit der Rechten assoziiert wurde.

Diese Anpassungsbestrebungen des Feminismus finden sich auch in der Neuschreibung der großen Erzählung der feministischen Kämpfe. So kann es zum Beispiel darum gehen, eine radikale Aktivistin, die ihrerzeit beleidigt und diffamiert wurde und wegen ihres Aktivismus lange Zeit keine Arbeit fand, nun als eine anständige Frau darzustellen, eine schüchterne Näherin, die mit ihrem Täschchen am Arm ganz allein den Bösen die Stirn bietet, Rosa Parks eben. Diese Umwandlung übertüncht allerhand: den kollektiven Kampf, die Persönlichkeit einer Aktivistin und die rassistische Struktur des nordamerikanischen Staates. Der gemeinsame Kampf war jedoch wesentlich für die Entwicklung der Bürgerrechtsbewegung in den USA in den Jahren der nordamerikanischen Rassentrennung. 1955 wurde das Women's Political Council (WPC) gegründet, um die schwarzen Frauen im Süden zu mobilisieren. Auf diese Bewegung geht die Idee eines Boykotts gegen Busse mit Rassentrennung zurück, und am 1. Dezember 1955 weigerte sich Rosa Parks in Montgomery, sich in den für *Schwarze** reservierten Teil eines Busses zu setzen. Der wochenlang anhaltende Boykott war möglich dank langen, größtenteils von Frauen geleisteten Vorbereitungen. Die Beteiligung des WPC war auch für den Erfolg des Marsches auf Washington im Jahr 1963 grundlegend: Die Aktivistinnen reservierten Busse, bereiteten Essen vor, druckten die Texte der Kampflieder, die die Langeweile auf den langen Märschen vertreiben und die Demonstrierenden in Stimmung bringen sollten, sie organisierten die Ablösungen, waren die helfenden Hände der Demonstration und machten die Arbeit, die Frauen überall leisten, wo vor Ort mobilisiert werden muss. Dennoch lehnten die Organisatoren des Marsches hartnäckig ab, dass eine dieser Aktivistinnen in Washington das Wort ergriff; aufgrund der Proteste akzeptierten sie am Ende, dass einige von ihnen auf dem Podium saßen und eine Rede „Tribute to Negro Women Fighters for Freedom" gehalten wurde – von einem Mann, A. Philip Randolph. Nur Daisy Bates, die die Bewegung gegen die Segregation in den Schulen von Little Rock, Arkansas, initiiert hatte (die zu dem Gerichtsbeschluss von 1954 führte, der die Rassentrennung an Schulen aufhob), durfte letztendlich sprechen.[86] Während des Marsches wurde den schwarzen Führerinnen nur eine Nebenrolle zugewiesen, hinter den Männern und neben den Ehefrauen der Führungskräfte. Keine von ihnen war eingeladen, an dem Treffen mit Präsident Johnson teilzunehmen. Diese „doppelte Benachteiligung durch „Rasse" und Geschlecht" (*double handicap of race and sex*) oder das „Jane-Crow"-System, wie Pauli Murray es nannte, überzeugte die Frauen, falls es dessen noch bedurfte, dass „die schwarze Frau den Kampf gegen die Geschlechterdiskriminierung nicht zugunsten der Bürgerrechtsbewegung aufschieben oder unterordnen darf, sondern an beiden Fronten zugleich kämpfen muss".[87] Der Beitrag dieser Frauen wird, wenn von den Kämpfen der Bürgerrechtsbewegung die Rede ist, nur am Rande erwähnt. Er wurde zu einer mehr befriedenden als friedlichen Bewegung gemacht, in der die einzelne Figur der Rosa Parks, dem herrschenden Narrativ gemäß heroisiert und ihres Aktivismus beraubt, die Hauptrolle spielt. Nach einem langen Befriedungsprozess konnte Rosa Parks so zu einem Aushängeschild für den nordamerikanischen Exzeptionalismus werden, in dem Fehler dank „amerikanischer Werte" wie *decency* und *fairness* korrigiert werden. Sie ging in das amerikanische Pantheon unter der

Bedingung ein dass sie „geweißt" und von ihrer Kampfgemeinschaft losgelöst wurde. Darin liegt umso mehr Ironie, als Rosa Parks eine langjährige Aktivistin war, die den schwarzen nordamerikanischen Kommunisten nahestand.[88] Ihre Statue wurde im Kongress eingeweiht, sobald ihre Weißung abgeschlossen war. Erst nachdem man sie ihres radikalen Feminismus und Aktivismus entledigt hat, finden Frauen als historische Figuren Eingang in die Nationalgeschichte. Was mit Rosa Parks geschah, das geschah auch mit Coretta Scott King, obwohl sie für ihren Widerstand gegen den Vietnamkrieg und ihren radikalen Aktivismus bekannt war – heute kennt man sie nur noch als hingebungsvolle Ehefrau von Martin Luther King Jr. Ist die Entpolitisierung von Aktivistinnen nicht möglich, dann werden sie als Viragos beschrieben, als nicht assimilierbare Extremistinnen, als Frauen, die ihrer (inzwischen zu Ikonen gewordenen) Ehemänner nicht würdig sind, oder man lässt sie einfach aus dem Blickfeld verschwinden. Zu den vergessenen oder marginalisierten Namen, an die immer wieder erinnert werden muss, zählt auch der von Claudia Jones. Die kommunistische Aktivistin hat als eine der ersten die Verknüpfung von Frauenemanzipation und sozialistischer Emanzipation angeregt und war die treibende Kraft der Kampagne zur Unterstützung der Scottsboro Boys (junge Schwarze, die fälschlicherweise der Vergewaltigung beschuldigt und fast gelyncht worden waren); nach zwei Gefängnisaufenthalten wurde ihr die US-Staatsbürgerschaft entzogen.[89] Man könnte auch Winnie Mandela anführen, denn während ihr Ehemann von der westlichen Welt (die vergisst, dass sie ihn zuvor als Terrorist behandelt hatte) zum Heiligen erklärt wurde, wird sie stets negativ beschrieben; oder Djamila

Bouhired, die weniger assimilierbar ist als Djamila Boupacha, weil es unmöglich ist, aus ihr ein Opfer zu machen. Bouhired war immer stolz darauf, am bewaffneten Kampf gegen den französischen Staat teilgenommen zu haben. Und vergessen wir auch nicht das jüngste Opfer des 17. Oktober 1961, Fatima Bedar, die mit siebzehn Jahren zu Tode kam.

Zeit und Erzählung des Feminismus gemäß dem Staat

Eine Aktivistin in eine Heldin der westlichen Demokratie zu verwandeln, trägt dazu bei, fortbestehende Ungleichheiten zu vertuschen und aus dem Rassismus eine Krankheit zu machen, die nur wenige befallen hat. Rassismus und Sexismus wären dann keine strukturellen Merkmale, sondern Zwischenfälle, die dank dem Mut Einzelner behebbar sind. Ein Verbrechen ist bloß eine augenblickliche Verwirrung. Diese Befriedung unserer militanten Vergangenheit trägt dazu bei, dass wir gegenwärtig beherrscht werden. Tatsächlich benutzt die Macht diese Erzählung, um jüngeren Bewegungen eine Lektion zu erteilen. Es werden Normen des Respekts vorgeschrieben, um die Empörung im Keim zu ersticken, sie als unwürdig hinzustellen. So gibt es dann „Subjekte, die es wert sind, sich zu verteidigen und verteidigt zu werden".[90] Diese Strategie, das Widerständige verschwinden zu lassen, fabriziert Ikonen, deren eigentlicher Kampf verschwiegen wird und die von den Kollektiven, denen sie angehörten, losgelöst werden, um stille, sanftmütige und friedliche Heldinnen aus ihnen zu machen. In Europa war dieses Vorgehen allerdings bisher noch nicht erforderlich, da gar keine rassifizierte Frau seinem Pantheon angehört. Und in Frankreich besteht keine Notwendigkeit, militante, rassifizierte Frauen zu befrieden, denn dazu müsste es sie überhaupt erst einmal geben.[91] Indessen gibt es schwarze Männer, die vom französischen Staat anerkannt wurden, allerdings um den Preis ihrer Weißung. Aimé Césaire wurde als Autor von *Zurück ins Land der Geburt* in das Pantheon aufgenommen und nicht als Verfasser der Rede *Über den Kolonialismus*. Denn diese prangert den Rassismus an, und in ihrer Analyse der Rückwirkungen der Sklaverei und des Kolonialismus in Frankreich hallt auch unsere Gegenwart wider. So konnte auch der Satz von Frantz Fanon „Ich bin nicht Sklave der Versklavung, die meine Väter entmenschlicht hat" dem 1998 gefeierten 150. Jahrestag der Abschaffung der Sklaverei in den französischen Kolonien als Leitspruch vorangestellt werden: Dem Satz war seine gesamte revolutionäre Botschaft genommen, und aus dem Kontext gerissen gab er eine Versöhnungsbotschaft aus, ehe überhaupt über Wiedergutmachungen diskutiert worden war. Sollen wir uns also wünschen, in ihr Pantheon aufgenommen zu werden, sollen wir diese Eingliederung wünschen, anstreben „dazuzugehören", obwohl sich der Rahmen ihrer Erzählung nicht verändert hat und die uns zugedachte Rolle unbedeutend bleibt? Tatsächlich ist die Versuchung groß, für die Einbeziehung „vergessener Kapitel" zu kämpfen. Ich habe ihr selbst nachgegeben, musste aber schnell die Grenzen dieser Strategie erkennen, denn wenn sich der theoretische Rahmen der Geschichtsschreibung nicht ändert, ist es nahezu sicher, dass diese Kapitel nur auf Kosten des Verlusts ihrer Fähigkeit, die Welt zu verändern, miteinbezogen werden: Sie würden in den Rahmen der geographischen und narrativen Grenzen der nationalen Erzählung eingepasst werden.

Anstatt den Rahmen der kolonialen Erzählung zu übernehmen, die dem zivilisatorischen Feminismus so teuer ist, müssen wir immer wieder auf die Kampferzählungen von Sklavinnen und Maroon Frauen zurückgreifen und sie uns wieder aneignen, denn sie zeugen von der Existenz eines antirassistischen und antikolonialen Feminismus seit dem 16. Jahrhundert. Man könnte mir entgegnen, dass sich keine dieser Frauen als Feministin verstand und die Begriffe Antirassismus und Antikolonialismus erst sehr viel später entstanden. Wenn aber Mary Wollstonecraft, Philosophin, Verfasserin von *Die Verteidigung der Frauenrechte* (1792), und Olympe de Gouges, Verfasserin der *Erklärung der Rechte der Frau und Bürgerin*, Abolitionistin, die am 3. November 1793 für ihre Ideen aufs Schafott stieg, den Namen Feministinnen verdienen, dann auch Sanité Belair, Revolutionärin und Offizierin der haitianischen Armee, die am 5. Oktober 1802 von den napoleonischen Truppen erschossen wurde, die die Sklaverei wiederherstellen sollten, dann auch Queen Nanny in Jamaika, die Maroon Héva in La Réunion oder La Mulâtresse Solitude, die am Aufstand gegen die napoleonischen Truppen in Guadeloupe teilnahm, sie alle verdienen genauso den Namen Feministin. Die Geschichte der Frauen neu zu schreiben, bedeutet, dem Weg zu folgen, der in den Vereinigten Staaten, in Mittel- und Südamerika, in Afrika, in Asien und in der arabischen Welt geebnet wurde, um die Beiträge von indigenen Frauen, schwarzen Frauen, kolonialisierten Frauen, von antirassistischen und antikolonialen Feminismen an den Tag zu bringen.

Die Narrative des Westens waren nicht die einzigen, die die kämpfenden Frauen verschwinden ließen. Auch die revolutionären Bewegungen haben dazu beigetragen, indem sie männliche Figuren gefeiert und aus den Frauen stille Heldinnen gemacht haben. Die entscheidenden Argumente lauteten Spaltung und Okzidentalismus: „Ihr spaltet die Bewegung, die mit ihrer Unterdrückung zu kämpfen hat, ihr beteiligt euch an der Stigmatisierung unserer Brüder, ihr spielt die westlichen Frauen." Viele Aktivistinnen sind diesem Aufruf zur Loyalität gefolgt und haben auf ihre Kritik am Machismo und am Sexismus verzichtet. In ihrer Autobiographie kritisiert Elaine Brown, Aktivistin in der Black Panther Party und später deren Anführerin, unumwunden den Sexismus ihrer Kameraden.[92] Sie beschreibt die Spirale der Gewalt, die durch den permanenten Stress entstand, den Rassismus, die schreckliche Repression der BPP, das Vermögen des FBI, Zwietracht und Spaltung zu säen.[93] Brown zeigt all die Widersprüche auf, all die verheerenden Spannungen, die auf schwarzen Leben lasten, unabhängig von ihrem Geschlecht und ihrer Sexualität, und bekundet zugleich die Zuneigung und Liebe, die sie für die schwarzen Frauen und Männer empfindet, die zur Gewalt gegen sich selbst und ihre Angehörigen getrieben werden. Darin liegt der große Reichtum dieses harten Buchs, das auch ermöglicht, die moralisierende Verurteilung der männlichen Vormachtstellung in schwarzen Gemeinschaften durch den zivilisatorischen Feminismus zu hinterfragen. In Frankreich wies eine Broschüre der Coordination des femmes noires von 1978 deutlich auf die Notwendigkeit hin, eine Haltung einzunehmen, die sich gleichzeitig vom weißen Feminismus und vom schwarzen Machismo abgrenzt: „Dank der Auseinandersetzung mit dem, was wir als Frauen und als Schwarze erlebt haben, ist uns bewusst geworden, dass die Geschichte unserer Kämpfe, in unseren Ländern und in der Immigration, eine Geschichte ist, in der wir verleugnet und falsch dargestellt werden. [...] Deshalb ist unser Kampf als Frauen vor allem ein autonomer Kampf, denn genauso wie wir beabsichtigen, das kapitalistische System zu bekämpfen, das uns unterdrückt, so lehnen wir es auch ab, die Widersprüche von Aktivisten zu erdulden, die zwar behaupten, für einen Sozialismus ohne Anführungszeichen zu kämpfen, aber in ihrer Praxis den Frauen gegenüber ein Dominanzverhältnis aufrechterhalten, das sie in anderen Bereichen verurteilen."[94] Diese Positionen, die bereits ansatzweise in Texten von schwarzen Sklavinnen und kolonialisierten Frauen zu finden sind, werden heute von Gruppen wie Locs (Lesbians of Color), Mwasi oder Afro-Fem wiederaufgenommen. Deren Vertreterinnen erklären, „der Unsichtbarkeit der schwarzen Frauen in den feministischen Bewegungen" entgegentreten zu wollen, ohne jedoch „den Machismo der Afro-Männer zu verleugnen",[95] für die sie den Begriff „misogynoir" erfunden haben. Divine K., Mitbegründerin des Kollektivs Afro-Fem, äußert sich zum Loyalitätsaufruf und hebt hervor: „wenn Afro-Frauen sich Afro-Männern widersetzen, werden sie beschuldigt, Spaltung zu verursachen und den Kolonisten in die Hände zu arbeiten!" Sie verurteilt „den Androzentrismus des Black Consciousness Movement und der Afrozentrismus-Bewegung, angeführt von Männern, die eine Art ‚Rückkehr zu den afrikanischen Ursprüngen' fordern und die schwarzen Frauen mit essentialistischen Forderungen belasten."[96] Solidarität ist eine Alternative zum Loyalitätsgebot, eine einwandfreie Solidarität, eine wirkliche, tiefe und bedingungslose Liebe, die jedoch keine Gewalt duldet.

Der zivilisatorische Feminismus als treibende Kraft bei der Befriedung der Frauenkämpfe

Die Befriedungsstrategien zu untersuchen, ist wichtig, denn zum einen nehmen diese nicht immer den Weg der Zensur, der polizeilichen oder bewaffneten Repression, zum anderen stiften sie Verwirrung hinsichtlich der Ziele der Emanzipation, indem sie diese als Sieg des Guten über das Böse, der Tugend über das Laster darstellen. Der zivilisatorische Feminismus hat von diesen Strategien Gebrauch gemacht, um die Begriffe „Feminismus" und „Feministin" durchzusetzen. Er hat die Geschichte der Frauenkämpfe neu geschrieben, um das Handeln der Frauen des Südens, ihre aktive Teilnahme an den antikolonialen und antiimperialistischen Kämpfen zu schmälern oder zu diskreditieren. Dieses Narrativ erwähnt sie entweder nur am Rande oder es betont den „Verrat", den die antikolonialen Bewegungen an den Frauen begangen haben, die sie wieder „nach Hause" geschickt hätten. Hier wurde eine Wahl getroffen, nämlich, die Analysen derjenigen Frauen zu ignorieren, die an den antikolonialen und antiimperialistischen Kämpfen teilgenommen haben, die die sexistische Dimension von Nationalismen kritisiert und hervorgehoben haben, dass sich die wirtschaftlichen, kulturellen, politischen, reproduktiven und umweltpolitischen Rechte unweigerlich überschneiden. Auch wenn zwischen den Versprechen der Befreiungskämpfe und der postkolonialen Realität eine Kluft besteht, handelt es nicht einfach um eine kulturelle Gegebenheit, sondern um das Ergebnis einer Konjektur, zu der auch der Fortbestand der männlichen Vorherrschaft gehört. Diese Widersprüche existieren, die dekolonialen Feministinnen sind sich ihrer bewusst und untersuchen sie unablässig. Aufgrund seines Hegemonieanspruchs kann der zivilisatorische Feminismus indessen nicht akzeptieren, dass die Frauen des Südens selbst in der Lage sind, maskulinistische und heteropatriarchalische Mechanismen und Ideologien zu analysieren. Auch wenn sie betonen, wie viel zerstörerischer als alles andere die Grausamkeit weißer Männer bis zum heutigen Tag war, versuchen die dekolonialen Feministinnen nicht, die Existenz systemischer Gewalt gegen Frauen oder die Rückkehr oppressiver Strukturen in den aus der Entkolonialisierung hervorgegangenen Staaten zu ignorieren. Die Bewegung Ni Una menos (Nicht Eine weniger) in Argentinien etwa organisiert seit 2016 Streiks und Demonstrationen gegen den Femizid, „eine der extremsten Formen der Gewalt gegen Frauen, denn es handelt sich um die Ermordung einer Frau durch einen Mann, der sie als sein Eigentum betrachtet“. Zugleich verknüpft sie diesen Kampf mit demjenigen für das Recht indigener Völker auf Land und dem Kampf gegen die vom IWF aufgezwungene neoliberale Politik.[97]

Für den zivilisatorischen Feminismus ist der Sommer in Frankreich ein geeigneter Zeitpunkt, seinen rassistischen Fantasien über den Körper der muslimischen Frau Ausdruck zu geben.[98] Im Sommer *muss* „die Frau" sich entblößen, denn damit gibt sie ihre Freiheit kund. Zeigt Marianne, das Symbol der Republik, nicht eine entblößte Brust, „weil sie das Volk ernährt! Sie ist nicht verschleiert, weil sie frei ist! Denn das ist die Republik!"[99] Der Bikini[100] ist zum ikonischen Kleidungstück der Befreiung der Frau geworden: Er soll die Siege der Feministinnen der „1970er Jahre" symbolisieren und ihr Bekenntnis zu den „Werten der Republik" verkörpern, ihren Zugang zu einer echten, vollständig befreiten und voll ausgelebten Weiblichkeit. Er ist ihr Bekenntnis zum Laizismus, denn Feminismus, Republik und Laizismus sind untereinander austauschbar geworden. Selbstverständlich ist er das Gegenteil zum Burkini, der im Sommer 2016 die Unterdrückung der Frauen materialisieren sollte.[101] Der Burkini wurde durch kommunale Verordnungen verboten und die Polizei beauftragt, Geldstrafen gegen Frauen in Burkinis an den südfranzösischen Stränden zu verhängen. Im Sommer zuvor hatte es eine ganze Reihe von Zwischenfällen rund um die saisonale Bekleidung der Frauen gegeben. Medien, soziale Netzwerke und Politiker echauffierten sich damals über einen Vorfall in Reims. Einem lokalen Medium zufolge sollten vier Mädchen ein junges Mädchen angegriffen haben, das sich im Bikini in einem öffentlichen Park sonnte. Der Vorfall verwandelte sich umgehend in einen „inakzeptablen Angriff, der uns eine Lebensweise aufzwingt, die nicht die unsere ist", wie es ein Führer der französischen Rechten ausdrückte, der zur „Unnachgiebigkeit“ aufrief.[102] Der Bikini von Reims lieferte weißen Feministinnen, der Rechten und der Linken die Gelegenheit, Anklage gegen eine „religiöse Polizei“[103] zu erheben und zugleich Loblieder auf den entblößten weiblichen Körper als Symbol der Republik zu singen. Als Nachforschungen die Banalität des Vorfalls aufdeckten, war es bereits zu spät. Der Bikini war zu einer nationalen Angelegenheit geworden.

Auch der Sommer 2017 stand unter dem Signum dieser neuen Sitte. Ende Juli berichteten französische Medien täglich über eine „Bikini-Revolte“ in Algerien. Die Titel waren vielsagend: „Algerien: Die Bikini-Revolte breitet sich aus“,[104] „Algerien: Was bedeutet die ‚Bikini-Revolte‘, eine spontane Bürgerbewegung“.[105] Die französischen Zeitungen sprachen von „feministischen Demonstrationen“, von einem „riesigen republikanischen Bad“, von Versammlungen am Strand von „mehr als 3600“ Frauen, die solcherart bekleidet gegen die „Islamisten“, die sie „bedrohen“, demonstrieren.[106] Das mediale Vokabular war dem einer „laizistischen und republikanischen“ feministischen Legitimität entlehnt, da man in den Aktionen der algerischen Frauen eine Verteidigung der „republikanischen Werte“ sehen wollte und einem Kampf zwischen „zwei aufeinanderprallenden Sichtweisen“[107] beizuwohnen meinte. Anfang August erfolgten schließlich Berichtigungen. Die algerischen Frauen, die eine Facebook-Gruppe für den gemeinsamen Strandbesuch erstellt hatten, um sexuelle Belästigungen kollektiv zu verhindern, mussten bei den französischen Medien intervenieren, damit diese mit ihrer Fabrikation der „Bikini-Polemik“ aufhörten.[108] Nouria verurteilte die Manipulation folgendermaßen: „Sie verwendeten Wörter, die wir nie benutzen, wie ‚Islamismus' oder ‚Obskurantismus'." „Wir haben weder körperliche Angriffe verurteilt, die wir an diesem Strand gar nicht erlebt haben, noch die Frauen im Burkini, die für uns kein Problem sind", bekräftigte Sarah. Ihr Ehemann Djaffar fügte wütend hinzu: „Sie müssen nicht glauben, dass diese Gruppe die einzige Möglichkeit für Frauen ist, sich im Badeanzug am Strand aufzuhalten. Das haben sie schon immer gemacht."[109]

Die Bikini-Revolte war ein reines Konstrukt der französischen Medien, auf das sich die weißen Feministinnen gestürzt haben. Es ging wieder einmal darum, die algerischen Frauen zu entschleiern, die so „hübsch unter ihren Schleiern" waren, wie es ein Propagandaplakat der französischen Armee während des Unabhängigkeitskriegs verkündete. Weibliche Schönheit basierte auf der Entschleierung. Das Lächerliche an diesem Streit rund um den Bikini darf jedoch das Gewaltsame darin nicht verdecken. Denn es handelte sich hier um eine Offensive, die darauf abzielte, den Frauen Normen aufzuerlegen, namentlich in Bezug auf ihre Kleidung.

Aber die Fiktion der Bikini-Revolte war nicht der letzte Vorfall in diesem weißen Sommer 2017. Am 21. August 2017 veröffentlichte Julia Zborovska[110] auf ihrer Facebook-Seite eine Reihe von Fotos mit kopftuchtragenden Frauen, die von Medien, Leuten in der Politik und Femonationalist*innen als „verschleierte Frauen" bezeichnet wurden. Sie hatte die Fotos wie folgt beschriftet: „Eine Stunde am Strand von Rivetoile in Straßburg verbracht – der Hauptstadt Europas, der Stadt der Menschenrechte … sie ist eindeutig nicht die Stadt der

Frauenrechte … Freiheit, Gleichheit zwischen Männern und Frauen? Es gibt mehr verschleierte Frauen als kleine Mädchen in Kleidchen und Röckchen … Mich persönlich schockiert das. PS: Unnötig, mich ans Bildrecht zu erinnern, mit ihrer Tarnung wird sie eh niemand erkennen!"[111] Als ihr Rassismus und Islamophobie vorgeworfen wurden, verteidigte sich Julia Zborovska mit der Berufung auf ihren Feminismus: „Ich bin überrascht und ein wenig schockiert über so viel Hass und Wut. Meine Absicht war nicht, einen Konflikt auszulösen. Meine Botschaft war eher feministisch als rassistisch. Ich bedauere nur, die Gesichter der Frauen nicht verdeckt zu haben. Ich wollte nur die Kleidung fotografieren. Ich bin alles andere als eine Rassistin, Faschistin oder Nationalistin."[112] Der Verweis auf ihren Feminismus, ihre Verteidigungshaltung und ihre Verneinungen – „Meine Absicht war nicht …", „Ich bin nicht rassistisch" – sind symptomatisch für einen rassistischen Diskurs, der sich nicht auf eine individuelle Haltung reduzieren lässt und vielmehr eine Struktur erkennen lässt. Da sie sich entschieden hatte, nicht wissen zu wollen, auf welche Weise Rassismus und Islamophobie ins Bewusstsein dringen und das Denken infizieren, konnte Zborovska nur über den „Hass" und die „Wut" überrascht sein. Durch diese Umkehrung maskierte sie ihren eigenen Hass. Ihre Botschaft war dazu bestimmt, ihre Schuldgefühle zurückzusenden: Sie hatte nie die Absicht zu verletzen, warum verletzte man sie dann? Indem sie sich weiterhin auf ihre Unschuld berief, bediente sie sich eines bekannten Abwehrmechanismus: der Verleugnung. Sozusagen auf frischer Tat der Islamophobie ertappt, verschloss sie die Augen weiterhin vor der Realität, indem sie die Außenwelt anklagte, sie ungerecht zu behandeln. Nicht sie war ungerecht und brutal, sondern die anderen. Die Projektion, die zu einem der typischen Mechanismen des rassistischen Diskurses geworden ist – „nicht ich war es, sondern der andere" oder, übersetzt, „es sind die rassifizierten Minderheiten, die rassistisch sind, sie sehen überall Böses" –, bewahrt hier das Subjekt davor, sich mit seinem eigenen Rassismus auseinanderzusetzen. „Schuldgefühle und Verteidigungshaltungen sind die Steine einer Mauer, an der wir uns alle stoßen, sie dienen keiner für uns wünschenswerten Zukunft",[113] schrieb Audre Lorde. Doch des Sommers reiche Ernte an femonationalistischen Äußerungen war noch nicht zu Ende. Der Verein Lallab, dessen Ziel es ist, „muslimischen Frauen Gehör zu verschaffen, um gegen rassistische und sexistische Unterdrückung zu kämpfen", wurde beschuldigt, den „Indigenisten" (*sic*), der Bewegung „Indigènes de la République" nahezustehen und ein „Labor des Islamismus" (*sic*) zu bilden, um zu rechtfertigen, dass ihm vom Staat keine Freiwilligendienste mehr bewilligt werden.[114] Eine Petition zugunsten des Vereins[115] wurde sofort von Manuel Valls und Caroline Fourest auf Twitter mit dem Vorwurf angegriffen, den Kommunitarismus zu fördern.

So verstrich der Sommer 2017 wie auch die Sommer zuvor als Jahreszeit, die den weißen Feminismus und den Femonationalismus in Selbstgewissheit wiegt, denn es finden sich immer irgendwo muslimische und schwarze Frauen, an deren Körpern sich ihre Ideologie entfalten lässt. Das gesamte Dispositiv soll das Vertrauen der Öffentlichkeit in die kulturelle Überlegenheit Frankreichs stärken (indem die Freiheit der französischen Frauen der Unterdrückung der muslimischen und schwarzen Frauen entgegengesetzt wird) und zugleich den Anschein erwecken, dunkle Mächte bedrohten die Republik und eines ihrer Trojanischen Pferde sei die muslimische Frau.[116] Es sei darauf hingewiesen, dass die französischen Medien die Demonstrationen der Frauen im marokkanischen Rif im Juli und August 2017 (zur Unterstützung einer sozialen Bewegung in derselben Region) nicht im geringsten mit demselben Eifer beobachtet haben, genauso wenig wie die Solidaritätsbewegungen marokkanischer Frauen in Frankreich. Die Kämpfe der Frauen für Achtung und Würde waren weniger wichtig als der „Bikini-Streit", denn sie hätten die islamophoben Klischees infrage gestellt.

Konservatives Patriarchat versus liberales Patriarchat

Zwei Formen des Patriarchats stehen sich derzeit auf der globalen Bühne gegenüber. Das eine bezeichnet sich als modern, spricht sich für einen gewissen Multikulturalismus aus und erklärt, die Rechte der Frauen zu achten – jedenfalls solange es darum geht, die Frauen in die neoliberale Wirtschaft einzugliedern. Dasselbe gilt für LGTBQIT+-Personen. Die Eröffnung des ersten Geschäfts für Gender-Neutrale unter dem Namen „Phluid" und dem Motto „Fashion meets activism" im März 2018 in Manhattan zeigt, dass jede minoritäre Identität integrierbar ist, solange sie sich vermarkten lässt.[117] Die Gründung von Phluid stellte zwar an sich keine Bedrohung für die Kämpfe dar, aber sein Ziel, „den Einzelnen die Kraft zu geben, sie selbst zu sein, sich offen ausleben zu können, ohne verurteilt zu werden und ohne Angst",[118] bleibt individualistisch.

Das andere Patriarchat, neofaschistisch und maskulinistisch, greift Frauen und LGTBQIT+-Personen ganz direkt an und zielt darauf ab, schwer erkämpfte Rechte wieder rückgängig zu machen – Abtreibung, Verhütung, Recht auf Arbeit, Rechte für LGTBQIT+- und Transgenderpersonen. Dieses System akzeptiert lediglich die Unterwerfung der Frauen unter seine heteronormative Ordnung, die dem Vater und dem Ehemann die absolute Macht verleiht. Dieses Beben bekundet sich in Gestalt von Aufrufen zur Vergewaltigung und Ermordung von Feministinnen, linken Politikerinnen, Transgender- und LGBTQIT+-Personen, Aktivistinnen indigener Völker und Migrant*innen. Dieses Patriarchat instrumentalisiert die Religion und versteht es, Hass und Angst zu schüren und Morde zu rechtfertigen. Der Unterschied zwischen den zwei Formen des Patriarchats liegt im Ton, in einer Art zu sprechen und zu handeln, aber auch in der Praxis, denn das neofaschistische Patriarchat schreckt nicht davor zurück, Frauen zu foltern, verschwinden zu lassen, einzusperren und auch zu töten, wie tagtäglich festzustellen ist: Berta Carceres, indigene Umweltaktivistin, ermordet 2016 in Honduras; Maria da Lurdes Fernandes Silva, brasilianische Aktivistin für Bodenrechte, 2017; Mia Maunealita Mascarinas-Green, Anwältin für Umweltgerechtigkeit; Jennifer Lopez, LGTBQ-Aktivistin, ermordet in Mexiko; Sherly Montoya, LGTBQ-Aktivistin, ermordet in Honduras; Micaela Garcia, feministische Aktivistin, ermordet in Buenos Aires. Im März 2018 wurde Marielle Franco, Stadträtin, zusammen mit ihrem Chauffeur Anderson Pedro Gomez auf offener Straße ermordet, ein erstes Anzeichen für den bevorstehenden Sieg des Schlimmsten in Brasilien. Die maskulinistische, virilistische, patriarchalische und dem Neoliberalismus zugeneigte Macht würde nicht zögern, eine schwarze und queere Figur der Opposition öffentlich zu ermorden. Die Aufrufe zur Vergewaltigung dekolonialer Feministinnen, queerer Frauen, Transsexueller in Indien, Südamerika, in den Vereinigten Staaten, in Europa und Afrika, die sich in den sozialen Netzwerken häufen, zeugen von der Brutalität dieses Patriarchats. Überall werden Drohungen, Beleidigungen, Verleumdungen, sexuelle Belästigungen und Gewalt, Vergewaltigung und Zensur als Einschüchterungsversuche wie auch als Aufrufe zur Ordnung angewandt.

Wir dürfen uns jedoch von der Spannung zwischen den beiden Patriarchaten nicht täuschen lassen. Die jungen Patriarchen des Neoliberalismus versprechen einigen Frauen, ganz oben mitspielen zu dürfen, den restlichen das Überleben; die alten Patriarchen wollen, dass „ihre" Ehefrauen sie schweigend und gehorsam unterstützen, ihre Söhne zu Patriarchen heranwachsen und die anderen Frauen, die rassifizierten Frauen, weiterhin ihre Rolle als Hausangestellte und sexuelle Objekte spielen.

Politisierung der Care-*Arbeit*

In der westlichen Welt, in Asien und Nordamerika haben die revolutionären, kommunistischen und anarchistischen Erfahrungen – Pariser Kommune, bolschewistische, chinesische, kubanische Revolution, anarchistische Kommunen – sich mit der tausendjährigen Unterdrückung befasst, die für die Frauen die Hausarbeit darstellt. Eine Reihe von Lösungsansätzen wurde ersonnen, die meist kollektive Formen begünstigten – Kinderkrippen, die 24 Stunden am Tag geöffnet sind, Gemeinschaftsküchen, Gemeinschaftshäuser, in denen die Hausarbeit nach dem Gleichheitsprinzip verteilt wird … Der schwarze Feminismus hat sich natürlich bereits sehr früh für diese Fragen interessiert, angesichts der Rolle, die schwarzen Frauen zugewiesen war – als Hausangestellte, Pflegerin, Betreuerin und diejenige, die die Welt der *W*eißen sauber hält. Ganz allgemein befassten sich in den 1970er Jahren einige feministische Randgruppen in Italien, Nordamerika, England, Frankreich und Deutschland mit der Hausarbeit, ihrer Unentgeltlichkeit und vor allem mit der Notwendigkeit, sie als *Arbeit* anzuerkennen. Diese marxistischen und feministischen Analysen nahmen sowohl die Hausarbeit als auch die Sexarbeit in den Blick. Zu Beginn der 1970er Jahre gründeten Feministinnen in Kanada das „Collectif féministe international" (CFI), mit dem Ziel, Lohn für Hausarbeit einzufordern. In ihrem 2014 erschienenen Buch blickt Louise Toupin auf die Geschichte des langjährigen Kampfes des CFI und die theoretischen Überlegungen seiner Mitglieder zur unentgeltlichen weiblichen Arbeit zurück.[119] Themen wie Familienzulage und soziale Unterstützung waren zu eigenständigen Kampfschauplätzen geworden, und aus dem Welfare Movement war das Kollektiv Black Women for Wages for Housework hervorgegangen. Die italienische Feministin Mariarosa Dalla Costa sprach von der „anderen Fabrik", der gesellschaftlichen Fabrik, also von der Arbeit der „Arbeiterinnen auf dem Gehsteig" und der „Arbeiterinnen zu Hause" als einer produktiven Arbeit, weil genau sie Arbeitskraft produziert und reproduziert. In Frankreich wiederum sah Christine Delphy in der Hausarbeit „eines der Anzeichen der Ungleichheit zwischen den Geschlechtern, die am meisten ins Auge springen und gerade aufgrund ihrer Sichtbarkeit leicht zu korrigieren wären. Sie ist zugleich eine Herausforderung für Gleichstellungs-Strategien, da die militante Aktion genau hier an ihre Grenzen stößt."[120] Die 1970er Jahre sind eine Zeit der intensiven theoretischen Auseinandersetzung mit der Thematik sowie der praktischen Umsetzung einer Politik, die Hausarbeit als produktive Arbeit behandelt (mit Mariarosa Dalla Costa und Christine Delphy, die ich bereits zitierte, aber auch Silvia Federici und Selma James).[121] Die Analyse der Hausarbeit im Familienbereich sollte als Ausgangspunkt dienen, „um das Ausmaß und die Unsichtbarkeit der privaten und öffentlichen Reproduktionsarbeit in der Welt aufzudecken, ihre Unentgeltlichkeit und den Gewinn, den die Wirtschaft des Kapitalismus damit erzielte. Mit einem Wort, sie deckte die Schattenseite der Lohngesellschaft auf."[122] 1977 machte Silvia Federici aus der Lohnforderung für Hausarbeit „ein Mittel, unsere Revolte gemeinsam zu führen, ein Mittel, uns zu organisieren, unsere Isolierung zu durchbrechen, unserem Kampf eine kollektive, soziale und internationale Dimension zu geben."[123] Nur wenige Feministinnen in Frankreich nahmen das Buch von Françoise Ega, *Lettres à une Noire. Récit antillais*, zur Kenntnis. Es beschreibt den Alltag einer Frau von den Antillen, die in Frankreich als Hausangestellte arbeitet, und veranschaulicht die Rassialisierung dieser Arbeit: „Uns wird von der Regierung und ganz Frankreich unterstellt, dass wir in erster Linie Haushaltshilfen sind, so wie die Polen Landarbeiter, die Algerier Erdarbeiter sind."[124] Aber bald wurde das Problem der Aufgabenteilung wichtiger als die materialistische Analyse der Hausarbeit, insbesondere in Frankreich. Die Gleichgültigkeit gegenüber der Arbeitsorganisation im Reinigungs- und Pflegebereich brachte zwangsläufig eine Gleichgültigkeit der weißen Feminismen gegenüber der Rassialisierung dieser Arbeit mit sich.

Schwarze Feministinnen in den Vereinigten Staaten haben bereits sehr früh die historischen Verbindungen zwischen der Arbeit im Reinigungs- und Pflegebereich und der Rassialisierung aufgezeigt. In einem theoretischen Text mit dem Titel „The Loss of the Body: A Response to Marx's incomplete analysis of estranged Labor" zeigt die schwarze Feministin chakaZ, dass sich der repressive Charakter des Systems vollständig offenbart, sobald das Konzept der entfremdeten Arbeit auf Geschlecht, „Rasse" und sexuelle Kategorien angewendet wird.[125]

Die dreißig glorreichen Jahre, eine Zeit der Bereicherung der französischen Gesellschaft vor dem Hintergrund der Kolonialkriege, zeichnen sich insbesondere dadurch aus, dass weiße, bürgerliche Frauen Zugang zu Leitungspositionen fanden. Infolgedessen stieg die Nachfrage nach Haushaltshilfen und Kindermädchen, die sich um ihre Häuser und Kinder kümmern sollten, beträchtlich. Diese weibliche Arbeitskraft wurde zunächst aus Südeuropa (Portugal) bezogen, dann wurden rassifizierte Frauen aus Guadeloupe, Martinique und La Réunion oder auch Algerien eingestellt.

Schwarze Feministinnen haben die Tatsache belegt, dass schwarze Frauen die Hausarbeit nicht so angehen können wie weiße Frauen: Die Rassialisierung der Hausarbeit ändert ihre Bedingungen grundlegend. Auch die Unterschiede zwischen den arbeitenden Frauen (basierend auf ihrer Herkunft, darauf, ob sie beim Arbeitgeber wohnten oder nicht, ob sie Kinder oder alte Menschen betreuten) und die diesbezüglichen staatlichen Regelungen der verschiedenen Länder wurden Gegenstand von Untersuchungen. Trotz der Schwierigkeiten, sich zu organisieren, überwanden die Hausangestellten ihre Einsamkeit und Isolierung und fanden Wege, sich kollektiv zu organisieren und ihre Kräfte zu vereinen, um ihre Arbeitsbedingungen und die Ausbeutung, deren Gegenstand sie waren, sichtbar zu machen.

Der Verschleiß der Körper

Ich möchte hier nicht weiter auf diese Punkte eingehen, sondern auf einen Aspekt zu sprechen kommen, den ich bereits in der Einführung angesprochen habe, nämlich auf die Ökonomie des Verschleißes und der Ermüdung rassifizierter Körper. Der Anthropologe David Graeber spricht von der Notwendigkeit, die Arbeiterklasse neu zu denken, und zwar ausgehend von der *caring class,* wie er sie bezeichnet, jener Gesellschaftsschicht, deren „Arbeit darin besteht, sich um andere Menschen, Pflanzen und Tiere zu kümmern".[126] Als Care-Arbeit definiert er „eine Arbeit, deren Ziel es ist, die Freiheit einer anderen Person zu erhalten oder zu vergrößern." Aber „je mehr Ihre Arbeit darin besteht, anderen zu helfen, desto weniger werden Sie dafür bezahlt".[127] Demzufolge müsse man „die Arbeiterklasse neu denken und die Frauen ganz nach vorne rücken, im Gegensatz zur herkömmlichen Vorstellung, die man von den Arbeitern hat".[128] Ich möchte hier noch weitergehen und mich insbesondere mit der Ökonomie des Verschleißes und der Ermüdung der rassifizierten Körper, mit der Reinigungsarbeit als Praxis der Pflege und mit der Instrumentalisierung der Trennung von sauber/schmutzig im Kontext der Gentrifizierung und Militarisierung der Städte auseinandersetzen.

Ich beziehe mich hier auf die Ökonomie des *Verschleißes* rassialisierter Körper, der Erschöpfung der Kräfte, in der Individuen vom Kapital und vom Staat als zum Verschleiß geeignet bestimmt werden, dazu, Opfer von Krankheiten, Verkümmerung aller Arten und Behinderungen zu werden. Und wenn diese Folgen vom Staat nach erbitterten Kämpfen endlich anerkannt werden, dienen sie doch nie dazu, die Struktur selbst, die sie herbeigeführt hat, infrage zu stellen. Der Verschleiß der Körper (der natürlich auch Männer betrifft, aber ich lege hier den Nachdruck auf die weltweite Feminisierung der Reinigungsindustrie) ist untrennbar mit einer Ökonomie verbunden, in der die Körper in zwei Gruppen aufgeteilt werden, in Körper, die ein Recht auf Gesundheit und Erholung haben, und in Körper, deren Gesundheit nicht zählt und die kein Recht auf Erholung haben. Die Ökonomie der Erschöpfung, der Ermüdung, der Abnutzung der rassifizierten und vergeschlechtlichten Körper ist eine Konstante in Zeugnissen von Frauen, die im Reinigungsbereich arbeiten. Fernande Bagou war im Januar 2018 eine der Sprecherinnen im Streik der Frauen, die für die Reinigung des Pariser Nordbahnhofs zuständig waren. Sie berichtet uns, dass sie um vier Uhr morgens aufsteht, den Bus um 5:30 Uhr nimmt, in einen Zug umsteigt, dann in einen zweiten, damit sie um 7:00 Uhr morgens an ihrem Arbeitsplatz ist.[129] Dort holt sie sich ihre Ausrüstung und beginnt den Bahnhof zu reinigen, außen wie innen. Danach fährt sie mit dem Zug zu einem anderen

Bahnhof. „Wir fegen, kümmern uns um die Abfallbehälter, die schwer sind, wir haben keine Wagen – wir müssen sie selbst tragen. Wir wiederholen sehr oft dieselben Handgriffe. Das Gehen schwächt die Knöchel und die Knie, auch die Handgelenke sind betroffen. Mit dieser Arbeit ist es schwer, normal zu gehen, alles tut weh."[130] In Maputo muss Camarada Albertina Mundlovo an ihrem Arbeitsplatz sein, bevor ihre Arbeitgeber mit der Arbeit beginnen. Aus Angst, zu spät zu kommen, nimmt sie ein Sammeltaxi in die entgegengesetzte Richtung und dann ein zweites in Richtung Stadt. „Ich zahle das Doppelte, aber auf dem direkten Weg käme ich niemals rechtzeitig an. Ich kenne Frauen, die im Kampf um eine Stelle als Haushaltshilfe ums Leben kamen. Die Arbeitgeber wollen von diesen Schwierigkeiten nichts wissen."[131] Ob in den Vereinigten Staaten, in Europa, Asien, Südamerika oder in Afrika, wer frühmorgens aus dem Haus geht, der trifft auf diese Frauen, die noch schlaftrunken in den öffentlichen Verkehrsmitteln sitzen oder zu ihrer Arbeit hasten, bevor die Stadt erwacht.

Der Kapitalismus ist eine Abfallwirtschaft und dieser Abfall muss aus dem Blickfeld derer verschwinden, die ein Anrecht auf ein gutes Leben haben. Nach Angaben der Weltbank belief sich die weltweite Abfallproduktion im Jahr 2016 auf 1,3 Milliarden Tonnen pro Jahr, das heißt auf fast 11 Millionen Tonnen pro Tag. Um all diese Abfälle kümmern sich natürlich nicht nur Frauen, sondern auch Männer und Kinder, die Berge von Haus- und Giftmüll entsorgen – Müllmänner, Dalits, die Abwasserkanäle reinigen, Afrikaner, die in Accra den technologischen Abfall auseinanderbauen, Arbeiter, die in Bangladesch Schiffe abwracken … Was ich hier hervorheben möchte, ist, dass diese Ökonomie der Abfallerzeugung untrennbar mit der Produktion von Menschen als „Abfallprodukte“, als „Müll“ verbunden ist. Eine ganze Menschheit ist dazu bestimmt, eine unsichtbare und extrem ausgebeutete Arbeit zu verrichten, um eine saubere Welt zu schaffen, die für den Konsum und das Leben der Institutionen bereitsteht. Den einen das Schmutzige, das Verschmutzte, das nicht trinkbare Wasser, den nicht eingesammelten Müll, das alles überschwemmende Plastik, Gärten, deren Pflanzen sterben, weil keiner sie versorgt, nicht funktionierende Abwasserkanäle, verschmutzte Luft; den anderen die saubere Stadt, die Gärten, die Blumen, das entspannte Flanieren. Die Segregation der Welt erfolgt in Gestalt einer Aufteilung in sauber und schmutzig, die auf einer rassialisierten Aufteilung des Stadt- und Lebensraums gegründet ist. Diese Aufteilung gibt es auch in den Ländern des Südens. Von diesen rassifizierten Menschen, die zum Putzen der bürgerlichen Welt verurteilt sind, nehme ich hier insbesondere die Putzfrauen in den Blick, die in Frankreich „techniciennes de surface“ („Oberflächentechnikerinnen“) genannt werden und hier wie anderswo Grundlagenkämpfe ausfechten: Denn sie bringen den strukturellen und inegalitären Charakter der stark feminisierten und rassifizierten Reinigungsindustrie und seine Beziehung zur Vergangenheit von Kolonialismus und Sklaverei zum Vorschein.

Die Reinigungsarbeit wird zu einer immer gefährlicheren Tätigkeit, weil neben Erkrankungen des Bewegungsapparats[132] auch die Risiken durch die chemische Zusammensetzung der verwendeten Mittel angestiegen sind.[133] Sexuelle Gewalt und Belästigung sind fester Bestandteil dieser prekarisierenden, ausbeutenden Industrie; sie zeigen an, dass der Machtmissbrauch strukturell ist, und sind nicht Ausdruck einer „anormalen" Männlichkeit, sondern dem Machtgefüge dieser Industrie selbst eingeschrieben. Die Reinigungs- und Pflegeindustrie ist eines der deutlichsten Beispiele dafür, wie der Rassen-Kapitalismus funktioniert, wie er Verletzbarkeit und Anfälligkeit für den Tod erzeugt, um mit Ruth Wilson Gilmore zu sprechen. Tatsächlich setzt diese Industrie rassifizierte Frauen toxischen Mitteln, sexueller Gewalt und Belästigung aus, konfrontiert sie mit Unsichtbarmachung, Ausbeutung, legaler und illegaler Organisation von Einwanderung sowie der Missachtung ihrer Rechte.

Wer macht die Welt sauber?

Im 19. Jahrhundert fand in Frankreich eine Industrialisierung der Hausarbeit statt, die zunächst Frauen aus den arbeitenden Klassen und ländlichen Gebieten betraf, dann Sklavinnen und später kolonisierte Frauen. In den 1960–1970er Jahren schuf die Externalisierung dieser Tätigkeit neue Arbeitskategorien (die 1981 als Berufsbranchen etabliert wurden). Laut dem Verband der Reinigungs- und Dienstleistungsunternehmen ist die Reinigungsindustrie in Frankreich ein konstant wachsender Markt (jeder 40. Arbeitsplatz). Der Umsatz liegt bei 13 Milliarden Euro pro Jahr und sie beschäftigt 500 000 Menschen, 66% davon sind Frauen; 50% der Angestellten sind älter als 44 Jahre; im Jahr 2004 waren auf landesweiter Ebene 29% der Angestellten ausländische Staatsangehörige, 76% arbeiteten in der Region Île-de-France.[134] Die Teilzeitarbeit überwiegt in diesem Sektor (79%): 47% der Angestellten arbeiten für mehrere Unternehmen und die Mehrheit der Frauen ist als Reinigungskraft („agent de service") tätig, während die Männer häufiger als Vorarbeiter beschäftigt sind. Die Beobachtungsstelle der Reinigungsbranche erklärt, die Teilzeitarbeit werde angeboten, um sich an die Bedürfnisse der Frauen anzupassen.[135] Die Hauptarbeitsstätten sind Büros (38%), gefolgt von Wohngebäuden (19%) und Industriegebäuden (13 %).[136] All diese Daten verdeutlichen den strukturellen Charakter der Rassialisierung, der Feminisierung und der Prekarität der Reinigungsarbeit. Sie zeigen überdies, welch große Bedeutung diesem Sektor innerhalb unserer zunehmend tertiären Volkswirtschaften und unserer gentrifizierten Metropolen zukommt.

In Frankreich ist das 1860 gegründete Familienunternehmen Onet (dessen Nachkommen es immer noch leiten) marktführend. Als die Eisenbahngesellschaft SNCF gegründet wurde, erhielt es einen Exklusivvertrag für die Reinigung ihrer Bahnhöfe und Züge.[137] Darüber hinaus dehnte das Unternehmen sein Tätigkeitsfeld auf andere Bereiche aus: Sicherheitsdienst (in der Mehrheit Männer), Entsorgung nuklearer Abfälle, Dienstleistungen in der Logistik und in der Betreuung älterer Menschen. Auf der Webseite von Onet werden die Werte des Unternehmens genannt: „Zuhören, Respekt, Wagemut". Die Seite informiert auch über die Gründung einer Onet-Stiftung, deren Ziel es sei, „Maßnahmen zugunsten der Solidarität und zur Bekämpfung schlechter Wohnverhältnisse zu unterstützen, an konkreten Aktionen vor Ort teilzunehmen und das Bewusstsein für die Problematik der schlechten Wohnverhältnisse zu fördern".

Onet soll sogar den Kinostart von Al Gores Film über das Klima und des Films *Tomorrow* unterstützt haben. Das Unternehmen erkennt die zehn Prinzipien des Global Compact der Vereinten Nationen für nachhaltige Entwicklung an, spricht sich für die Achtung des gesellschaftlichen Dialogs aus und setzt sich für die „Entwicklung der Beschäftigungsfähigkeit" ein. Sein Dienst „Oasis Diversité" bietet Schulungen in den Bereichen Reinigung, Technologie und Rezeption an. Zwischen 2008 und 2016 stieg sein Umsatz von 1,300 Milliarden auf 1,741 Milliarden Euro, wovon die Hälfte auf das Wachstum des Geschäftszweigs „Réseau Services Onet" (Dienstleistungsnetzwerk) zurückzuführen ist, der um mehr als 5% zugelegt hat.[138] Für Onet ist der Angestellte ein „Mitarbeiter", die Angestellte eine „Mitarbeiterin"; diese sind eingeladen, sich an der „Université Onet" weiterzubilden. 2016 hatte Onet „64 392 Mitarbeiter", davon 63% Frauen. In den Berufen seines Dienstleistungsnetzwerks besteht ein „signifikanter Kontrast zwischen den Reinigungsberufen, in denen die Arbeitskräfte überwiegend weiblich sind, und den Sicherheitsberufen, bei denen es sich genau umgekehrt verhält".[139] Anders ausgedrückt sind es, nach eigenen Aussagen des Unternehmens und trotz aller oben genannten Managementheucheleien, die rassifizierten Frauen, die saubermachen. Eine ganze Reihe von Clips, die für Onet werben, ist auf YouTube verfügbar. Man muss sich den Clip „Life is Beautiful" (2016) ansehen, dessen Titel an den gleichnamigen Film von Roberto Benigni, *La vita è bella*, denken lässt, in dem ein Vater seinem Sohn etwas vorgaukelt, um die Schrecken eines NS-Konzentrationslagers vor ihm zu verbergen, in das sie deportiert worden sind. Man weiß nicht, ob die Titel-Analogie zwischen dem Film und dem Clip beabsichtigt ist und welche Ironie erlaubte, diese zwei Erzählungen in Verbindung zu bringen. Der Clip zeigt eine blonde Frau im Hosenanzug, die lächelnd ein Büro betritt. Um sie herum sind Frauen und Männer damit beschäftigt, Wände, Böden und Regale zu reinigen, aber sie sind für sie unsichtbar, sie sieht sie nicht; dann geht sie in einen Supermarkt, wo alles, was sie einkauft, dank Onet, hygienisch sauber ist; sie nimmt einen von Onet gereinigten Zug, bevor sie sich in ein von Onet gereinigtes Stadion begibt und danach in einem von Onet gereinigten Krankenhaus jemanden besucht; schließlich sieht man sie in einem Hotelzimmer, das soeben von einer Angestellten von Onet sauber gemacht wurde; in der Schlussszene geht die junge Frau über einen von Onet gegen Schädlinge behandelten Rasen.[140] Während des gesamten Clips liegt die Betonung auf der Unsichtbarkeit der Menschen, die diese Arbeit verrichten. Der weißen Frau muss die Gewissheit vermittelt werden, alles um sie herum sei sauber, ohne dass sie jemals mit der reellen Reinigungsarbeit konfrontiert wird, also mit denen, die diese erledigen. Dies ist ein Grundprinzip der Reinigungsarbeit: Sie muss *unsichtbar* bleiben. Durch diese Unsichtbarmachung verschwindet die für die Reinigung zuständige Person nicht nur aus dem gesellschaftlichen Bewusstsein, sondern auch die Gewalt und die Verachtung gegenüber ihrer Arbeit werden durch sie legitimiert. Es genügt, den Clip mit dem Videointerview von Frau Gueffar zu vergleichen, die von Onet brutal entlassen wurde, nachdem sie vierzehn Jahre lang, ohne einen Tag zu fehlen, bei der Reinigung des Bahnhofs von Agen gearbeitet hat.[141] Diese Sauberkeit basiert auf Gewalt und Willkür. Die *weiße Frau* aus der Mittel- und Oberschicht jedoch, die sich dank *rassifizierter Frauen* (und Sicherheitsmänner) in einer sauberen und sicheren Welt bewegt, soll weder diese Frauen noch diese Gewalt wahrnehmen. Der Clip „Life is Beautiful" enthält indessen noch ein weiteres Element: Die Angestellten, die man die Arbeit verrichten sieht, sind in großer Mehrheit weiß; ohne Zweifel wäre in einem Clip, der den tatsächlichen Anteil an rassifizierten Frauen und Männern in diesen Berufen gezeigt hätte, die vergeschlechtlichte Rassialisierung dieser Berufe allzu offenkundig zutage getreten.

Damit komme ich zur Frage, die ich innerhalb des dekolonialen Feminismus zur Debatte stellen möchte: „Wer macht die Welt sauber?" Wie soll man den Zusammenhang zwischen dem Kapitalismus als Erzeuger von materiellen und toxischen Abfällen und seiner Fabrikation von Menschen als Wegwerfprodukte verstehen? Wie wird die Externalisierung des Abfalls unsichtbar gemacht? Wie können wir unsere Solidarität mit den Arbeiterinnen im Reinigungs- und Pflegebereich in die Praxis umsetzen? Im März 2018 präsentierte die Kuratorin Krishnapriya, eine Dalit, die Ausstellung *Archiving Labour*. Sie ging vom Ausstellungsort selbst aus, dem Government College of Fine Arts von Chennai, das ursprünglich eine technische Schule aus der Kolonialzeit war. In dieser spannenden Ausstellung, die dreißig junge Dalit-Künstler*innen versammelte, fiel mir eine Installation ins Auge, weil sie sich mit der Reinigungsarbeit befasste. Dieses Werk besteht aus mehreren Porträts von Frauen, die die Bahnhöfe von Chennai reinigen, und aus Zeichnungen von ihren Tätigkeiten. Darauf ist zu sehen, wie sie menschliche Exkremente auf Gleisen und in Zügen entfernen. Ein junger Künstler hatte dieser Installation drei Seiten aus einem Schulheft hinzugefügt, auf die er mit der Hand geschrieben hatte: „Fäkalien zu beseitigen ist keine gewöhnliche Sache. Mein Großvater beseitigt menschliche Fäkalien mit bloßen Händen, so dass sie sich in die Linien seiner Hände eingegraben haben, wie Blut in Blut." Und er schließt: „Diese Frau sollte aufhören, menschliche Exkremente zu beseitigen, jede*r einzelne sollte seinen eigenen Kot entfernen. Wir sollten uns dieser Frau anschließen und mit ihr zusammen die menschlichen Fäkalien beseitigen, auf diese Weise wäre uns diese Frau ebenbürtig, und dies wäre ein konkretes Handeln, es wären nicht nur Worte."[142]

In mehreren Ländern haben sich die Arbeiterinnen der Reinigungsindustrie organisiert, manche bereits vor Jahrzehnten, um die Anerkennung ihrer Rechte und soziale Absicherungen einzufordern und zu verlangen, dass der sexuellen Gewalt und Belästigung wie auch der organisierten Prekarität ein Ende gesetzt wird. Ein Begriff taucht in diesen Vereinigungen immer wieder auf: Würde. Indem sie mit Nachdruck bekräftigen, dass sie ihre Arbeit gut machen, dass sie ihre Arbeit lieben, dringen die Arbeiterinnen der Reinigungsindustrie auf die Achtung und Würde, auf die sie Recht und Anspruch haben. Ihre Forderungen stehen im Zentrum der feministischen Kämpfe für Würde, gegen Rassismus und Ausbeutung. Die jahrhundertelange Arbeit der Frau – die Arbeit des „Saubermachens" – ist für das Fortbestehen der patriarchalischen und kapitalistischen Gesellschaft unentbehrlich; in Frankreich muss in diese Geschichte allerdings diejenige Arbeit im Bereich der Pflege und der Reinigung eingegliedert werden, die den schwarzen Sklavinnen und

Hausangestellten, dann den kolonisierten Frauen und heute den rassifizierten französischen oder ausländischen Frauen zugewiesen wird und wurde. Sie verleihen den Frauenrechten einen neuen Inhalt. Sie artikulieren, was das Recht auf Existenz in einer Welt sein kann, in der die Rechte teilweise gemacht wurden, um auszuschließen. Für dekoloniale Feministinnen ist die Analyse der Arbeit in der Reinigungs- und Pflegebranche angesichts der gegenwärtigen Konfigurationen des Rassen-Kapitalismus und des zivilisatorischen Feminismus eine vorrangige Aufgabe.

An Phantasie und Vorstellungskraft des Feminismus wieder anknüpfen

Die Idee, Frauen hätten keine Vergangenheit, keine Geschichte, bedeutete natürlich, dass sie zwar eine haben, sie aber verschüttet, verborgen, maskiert war, und dass die Arbeit der Feministinnen darin bestand, sie wieder zum Vorschein zu bringen und bekannt zu machen. Diese archäologische Arbeit der Wiederentdeckung und Wiederaneignung geht weiter, und sie ist von grundlegender Bedeutung. Wenn ich jedoch den Sinn des obigen Satzes umkehre, indem ich behaupte, dass wir eine Vergangenheit, eine Geschichte haben, schlage ich eine andere Herangehensweise an die Geschichtsschreibung vor. Ich hinterfrage die Bedeutung der Begriffe „Vergangenheit" und „Geschichte" in einem Satz der Hymne des MLF: „Wir Vergangenheitslosen, die Frauen / Wir, die wir keine Geschichte haben". Inwieweit hilft uns dies, das katastrophale Vermächtnis, welches die Geschichte der rassifizierten Völker (Sklaverei, Völkermord, Enteignung, Ausbeutung, Deportation) ist, in eine Erzählung zu verwandeln? Wie schreiben wir die Vergangenheit und die Geschichte dieser Katastrophen auf, um deren Erwähnung sich für gewöhnlich kaum jemand kümmert? Welche Wörter finden wir, um von der weltweiten Offensive zu sprechen, die „die Tendenz hat, die bewohnbaren und noch bewohnten Gebiete verschwinden zu lassen, um sie in Glieder der globalisierten Produktions- und Konsumkette zu verwandeln", in einer Zeit, in der sich „die Opferzonen vervielfachen"?[143] Welchen Sinn hat es, zu behaupten, „die Frauen" hätten keine Vergangenheit und keine Geschichte, wenn unter den Frauen die *W*eißen und die rassifizierten Frauen nicht im Geringsten über dieselbe Legitimität verfügen? Das Schreiben der Vergangenheit und der Geschichte der rassifizierten Frauen hat nicht denselben Verlauf genommen wie das europäische feministische Schreiben, weil es sich nicht um dieselbe Vorgehensweise handelte. Für die rassifizierten Frauen ging es nicht darum, eine Abwesenheit aufzufüllen, sondern darum, Worte zu finden, die das wieder zum Leben zu erwecken, was zur Nichtexistenz verurteilt worden war, Welten, die aus der Menschlichkeit hinausgeworfen worden waren.

Abschließend überlasse ich das Wort einem Text, den wir, etwa dreißig Künstler*innen und Aktivist*innen, gemeinsam im Juni 2017 verfasst haben: „Wir wollen ein utopistisches Denken verwirklichen, verstanden als Energie und Kraft zum Aufstand, als Präsenz und als Einladung zu emanzipatorischen Träumen und als eine Geste des Bruchs: Wagen wir, über das hinauszudenken, was als „natürlich", „pragmatisch", „vernünftig" erscheint. Wir wollen keine utopische Gemeinschaft aufbauen, sondern den Träumen von Ungehorsam und Widerstand, von Gerechtigkeit und Freiheit, von Glück und Wohlwollen, von Freundschaft und Bereitschaft zum Staunen ihre ganze kreative Kraft wiedergeben."[144]

Anmerkungen

1 Frantz FANON, *Der Schleier*, übersetzt von Brita POHL, Wien: Turia + Kant 2017, S. 13.
2 Audre LORDE, „Vom Nutzen unseres Ärgers“, in: Dagmar SCHULTZ (Hg.), *Macht und Sinnlichkeit. Ausgewählte Texte von Audre Lorde und Adrienne Rich*, übersetzt von Renate STENDHAL, Berlin: Orlanda Frauenverlag 1993. [A. d. Ü.: Das Gendersternchen wurde entsprechend dem französischen Zitat in die Übersetzung eingefügt. Auch in der Folge orientieren sich die unterschiedlichen Gendermarkierungen nach Möglichkeit am Original.]
3 „Onet, numéro 1 de l'exploitation dans le nettoyage“, 4. Dezember 2017 (http://www.revolutionpermanente.fr/ONET-numero-1-de-l-exploitation-dans-le-nettoyage); Daniela COBET, „Grève des agents de nettoyage des gares franciliennes. Premier bilan d'une lutte exemplaire“, 16. Dezember 2017 (http://www.revolutionpermanente.fr/Greve-des-agents-de-nettoyage-des-gares-franciliennes-Premier-bilan-d-une-lutte-exemplaire); Flora CARPENTIER, „Émotion et fierté de classe à la fête de la victoire des grévistes d'H. Reinier-Onet“, 18. Dezember 2017 (http://www.revolutionpermanente.fr/Videos-Emotion-et-fierte-de-classe-a-la-fete-de-victoire-desgrevistes-d-H-Reinier-Onet); Françoise VERGÈS, „Grève de femmes, luttes féministes : le combat d'Onet“, 9. März 2018 (https://www.revolutionpermanente.fr/ONET-numero-1-de-l-exploitation-dans-le-nettoyage).
4 COLLECTIF, „Nous défendons une liberté d'importuner indispensable à la liberté sexuelle“, 9. Januar 2018 (https://www.lemonde.fr/idees/article/2018/01/09/nous-defendons-une-liberte-d-importuner-indispensable-a-la-liberte-sexuelle_5239134_3232.html).

5 Ebenda. [Deutsche Übersetzung zitiert nach *die tageszeitung*, 11. Januar 2018, S. 03.]

6 Weiter unten referiere ich Sara FARRIS' Analyse dieser Konvergenzpunkte, die sie in ihrem Buch unternimmt: *In the Name of Women's Rights. The Rise of Femonationalism*, Durham: Duke University Press 2017.

7 Ebenda, S. 124.

8 Vgl. E. P. THOMPSON, *Die Entstehung der englischen Arbeiterklasse*, aus dem Englischen von Lotte EIDENBENZ u. a., Frankfurt am Main: Suhrkamp Verlag 1987 [A. d. Ü.: Die Übersetzung folgt dem französischen Zitat].

9 Die „Université du féminisme" war von Marlène Schiappa organisiert worden, die Staatssekretärin, die in der Regierung unter Emmanuel Macron mit der Gleichstellung von Männern und Frauen beauftragt war. Sie fand am 13. und 14. September 2018 in Paris statt. Schiappa erklärte: „Unser Wille war, die Vielfalt der feministischen Bewegungen zu zeigen, weil der Feminismus nie eine monolithische Bewegung gewesen ist, sondern stets von etlichen Strömungen durchzogen war. Wir wollten diesen Diskussionsraum mit drei Tagesordnungspunkten eröffnen: Reflexionen, Meinungen, Aktionen. Das große Anliegen der Amtszeit des Präsidenten Emmanuel Macron ist, diese Debatten in die Gesellschaft zu tragen." (https://www.francetvinfo.fr/societe/droits-des-femmes/universite-d-ete-du-feminisme-marlene-schiappa-ne-veut-pas-delivrer-un-brevet-de-feminisme-mais-inviter-a-la-reflexion_2910739.html). Themen wie „Schleier und Feminismus", „Me too und danach?", „Kann man Feministin und zugleich Hausfrau und Mutter sein" oder „Wie erreicht man die Gleichheit von Männern und Frauen auf der Arbeit" standen zur Debatte. Laura Cha, Sprecherin des Verbandes Lallab, wurde während ihres Vortrags ausgebuht (https://information.tv5monde.com/terriennes/en-france-une-premiere-universite-d-ete-du-feminisme-sous-le-signe-des-polemiques-et).

10 Am 15. Oktober 1960 tritt eine Verordnung, die jegliche Kritik in Algerien (das in „französische Départements" aufgeteilt war) unterdrücken und durch Exilierung die Beamten entfernen sollte, die die „öffentliche Ordnung stören" könnten, in den Übersee-Départements Guadeloupe, Martinique, Guayana, La Réunion in Kraft.

11 Prosper ÈVE, *L'île à peur. La peur redoutée ou récupérée des origines à nos jours*, Saint-André de La Réunion: Océan Éditions 1992.

12 In der Sklaverei wurde der Status der Mutter an das Kind weitergegeben. War die Mutter Sklavin, war auch das Kind Sklave, war sie frei, so war das Kind frei. An diese Regel hielt sich jedoch keineswegs die Mehrheit der Sklavenbesitzer. Sie fochten sie vielmehr mit allen Mitteln an, indem sie logen, Papiere fälschten, Freilassungen nicht anerkannten. Nicht selten zogen Sklavinnen mit solchen Fällen vors Gericht und kämpften damit gegen die Willkür.

13 Frantz FANON, *Die Verdammten dieser Erde*, übersetzt von Traugott KÖNIG, Reinbeck bei Hamburg: Rowohlt 1978, S. 80.

14 Ich verwende „eine Bewegung" oder „Bewegungen" oder „die Bewegungen", um nicht „die Bewegung" zu sagen. Ich möchte damit eine Vielzahl von Feminismen anzeigen, die Möglichkeit alternativer Formen dieser feministischen Alternativen, die indes allesamt – diejenigen, die mich interessieren – entschieden antirassistisch, antikapitalistisch und anti-imperialistisch sind.

15 Zur Schreibweise von Schwarze/Weiße: Das französische Original wechselt in der Folge zwischen dem genderdiversen Plural „Noir.e.s" und dem generischen Maskulinum „Noirs", „Blancs", sowie zwischen Groß- und Kleinschreibung. Noir.e.s wird daher mit „*S*chwarze*" übersetzt. Wörter, die im Französischen durch Majuskeln hervorgehoben sind, wurden durch einen kursivierten *A*nfangsbuchstaben markiert.
Generell folgt die Übersetzung bei unterschiedlichen Schreibweisen dem Original [A. d. Ü.].

16 Zitiert von Sabelo J. NDLOVU-GATSHENI, *Epistemic Freedom in Africa. Deprovincialisation and Decolonization*, London: Routledge 2018, S. 64. Der Text von Peter Eketh ist von 1983.

17 Aimé CÉSAIRE, *Über den Kolonialismus*, übersetzt von Heribert BECKER, Berlin: Alexander Verlag 2017, S. 27–28.

18 Das Zitat soll der Rede Lilla Watsons auf der Konferenz der Vereinten Nationen zum „Jahrhundert der Frau" 1985 in Nairobi entstammen. Watson selbst sagt allerdings lieber, es sei die Frucht einer kollektiven Reflexion von Gruppen von Aborigine-Aktivist*innen in Queensland in den 1970er Jahren.

19 Michael STAMBOLIS-RUHSTORFER, „La multidimensionnalité comme outil de lutte pour une justice raciale et sexuelle complète", in: Hourya BENTOUHAMI, Mathias MÖSCHEL

(Hg.), *Critical Race Theory. Une introduction aux grands textes fondateurs*, Paris: Dalloz 2017, S. 309–318, hier S. 310.

20 Félix Boggio ÉWANJÉ-ÉPÉE, Stella MAGLIANI-BELKACEM, Morgane MERTEUIL, Frédéric MONFERRAND, „Programme pour un féminisme de la totalité", in : Titti BHATTACHARYA et al., *Pour un féminisme de la totalité*, Paris: Éditions Amsterdam 2017, S. 13–31, hier S. 18.

21 Ebenda, S. 23.

22 Françoise VERGÈS, *Le ventre des femmes. Capitalisme, racialisation, féminisme*, Paris: Albin Michel 2017.

23 Vortrag auf Tagungen und Workshops in Ländern des Südens zum Thema dekoloniale Pädagogik. Vgl. den daraus entstandenen Artikel: Françoise VERGÈS, „Bananes, esclavage et capitalisme racial", in: *Le Journal des Laboratoires d'Aubervilliers, Cahier C*, 19, 2018–2019, S. 9–11.

24 Gloria WEKKER, *White Innocence. Paradoxes of Colonialism and Race*, Durham: Duke University Press 2016.

25 Fatima EL TAYEB, *European Others*, Durham: Duke University Press 2011, S. XV.

26 Reni EDDO-LODGE, *Warum ich nicht länger mit Weißen über Hautfarbe spreche*, übersetzt von Anette Grube, Stuttgart: Cotta'sche Buchhandlung 2019. [*Why I'm no Longer Talking to White People About Race*, London: Bloomsbury 2017. Die deutsche Übersetzung des Titels wurde hier aus Kontextgründen verändert, A. d. Ü.]

27 Elsa DORLIN, *La matrice de la race. Généalogie sexuelle et coloniale de la Nation française*, Paris: La Découverte, 2008.

28 Siehe dazu: Boaventura DE SOUSA SANTOS, *Épistémologies du Sud. Mouvements citoyens et polémique sur la science*, Band 2, Paris: Desclée de Brouwer 2016.

29 Maria LUGONES, „Heterosexualism and the colonial modern gender system", in: *Hypatia*, 2007, 22:1, S. 186–219; und „Colonialidad y género", in: *Tabula Rasa*, 9, Juli–Dezember, Bogotà: Universidad Colegio Mayor de Cundinamarca 2008, S. 73–101. Eine Darstellung dieser Theorie auf Französisch findet man in Jules FALQUETs Übersetzung des Texts: „Les racines féministes et lesbiennes autonomes de la proposition décoloniale d'Abya Yala", in: *Contretemps*, April 2017, in zwei Teilen.

30 Oyèrónkẹ OYĚWÙMÍ, *The Invention of Women. Making an African Sense of Western Gender Discourses*, Minneapolis: University of Minnesota Press 1997.

31 Zur Politik des Erbarmens und zum französischen Abolitionismus vgl. Françoise VERGÈS, *Abolir l'esclavage, une utopie coloniale. Les ambiguïtés d'une politique humanitaire*, Paris: Albin Michel 2001.

32 http://lesabolitions.culture.fr/medias/mouvements/lumieres/documents/cite-bvolympe-degouges.pdf

33 Erinnern wir uns an den Film *Indochine* (Régis Wargnier, 1992): In den 1930er Jahren leitet Éliane Devries mit ihrem Vater Emile in Indochina eine Kautschukplantage. Sie hat Camille adoptiert, eine verwaiste Annamiten-Prinzessin. Beide verlieben sich in einen jungen Offizier der französischen Armee, der Rest ist dementsprechend, eine beschönigende Version des antikolonialen Kampfs wird begleitet von kolonialer Nostalgie.

34 Fanny GALLOT, „Le ‚travail femme' quotidien de ‚Révo', puis de l'OCT dans les entreprises (1973–1979)", in: Ludivine BANTIGNY, Fanny BUGNON, Fanny GALLOT (Hg.), *„Prolétaires de tous les pays, qui lave vos chaussettes ?" Le genre de l'engagement dans les années 1968*, Rennes: PUR 2016, S. 109–122, hier S. 119.

35 Die aktuelle französische Regierung verspricht ihnen mit Rückgriff auf das koloniale Argument, demzufolge die Geburtenrate der Afrikanerinnen verantwortlich sei für die Armut des Kontinents, Zugang zur Moderne über die Annahme der französischen Sprache. Emmanuel Macron, am 8. Juli 2017, sagte über Afrika: „Wenn manche Länder heute noch sieben bis acht Kinder pro Frau haben, können Sie beschließen, dort Milliarden von Euros auszugeben, ohne je irgendetwas zu stabilisieren."

36 Édith TAÏEB, „Hubertine Auclert : ‚de la République dans le ménage' à la ‚vraie' République" (http://www. pedagogie.ac-nantes.fr/histoire-geographie-citoyennete/ressources/hubertine-auclert-de-la-republique-dans-le-menage-a-la-vraie-republique-599669/kjsp?RH=1160761636828).

Auclert war eine zivilisatorische republikanische Feministin. In ihrem Buch *Les femmes arabes en Algérie* (Paris: Société d'éditions littéraires 1900) befürwortete sie die koloniale Assimilierung gegen einen Kolonialismus der Verachtung und die Grausamkeit der Beamten. Sie behauptete, dass die „Araber“ die Assimilierung wünschten und dass die Musliminnen davon träumten, so zu sein wie die französischen Frauen (S. 24). Dieser orientalistische Text versammelt die Elemente des kolonialen zivilisatorischen Feminismus: ein wenig touristische Soziologie und Ethnographie, Klischees über den „resignierten“ Charakter der Araber, Vielehe und die „arabische Hochzeit“, die eine „Kindervergewaltigung“ ist (S. 42). Für Auclert waren die französischen Frauen, die umständehalber den Arabern nahestanden, am besten platziert, um sie zu beobachten.

37 https://www.senat.fr/colloques/colloque_femmes_pouvoir/colloque_femmes_pouvoir.html. Der Beitrag von Laurence Klejman und Florence Rochefort geht nicht auf die Haltung der Feministinnen gegenüber dem Rassismus und Kolonialismus ein und setzt damit eine in der französischen Forschung vorherrschende Tradition fort: Die Rolle der Kolonie im Feld des Politischen wird übergangen. Laurence KLEJMAN, Florence ROCHEFORT, „Le féminisme, une utopie républicaine, 1860–1914“, auf der Tagung: „Femmes et pouvoirs, XIXe–XXe siècle“, Tagungsbericht, 8. März 2004.

38 Hubertine AUCLERT, „Les femmes sont les nègres“, in: *Le vote des femmes*, Paris: V. Giard & E. Brière éditeurs 1908, S. 196–198.

39 Frantz FANON, *Der Schleier*, übersetzt von Brita POHL, Wien: Turia + Kant 2017, S. 14–15.

40 1945 zeichnet Aimé Césaire vor der konstituierenden Versammlung ein sehr kritisches Bild der Jahrhunderte französischer Kolonisation: keine Schulen, erhöhte Sterblichkeitsrate, die Wirtschaft in den Händen einiger weniger … 1954 besitzen in Algerien 10 % der Bevölkerung, davon eine große Mehrheit Siedler, 90 % der Reichtümer des Landes; für 200 000 europäische Kinder zählt man 11 400 Schulen, während 1 250 000 arabische und Berber-Kinder sich 699 Einrichtungen teilen. Am Vorabend der Unabhängigkeit in den 1950er Jahren gehen bloß 4 % der Mädchen im Schulalter zur Schule (10 % der Gesamtheit aller algerischen Kinder und 97 % der europäischen Kinder), obwohl ein „Einschulungsplan“ per Dekret vom 27. November 1944 ausgegeben wurde. Die wenigen Ausbildungszentren, die

namentlich anlässlich der Hundertjahrfeier 1930 eröffnet wurden, beschränken die algerischen Mädchen und jungen Frauen auf häusliche (Küche, Bügeln) oder kunsthandwerkliche Aufgaben (Teppichweben, Sticken ...), und die effektive Umsetzung bleibt symbolisch. Siehe dazu: Feriel LALAMI, „L'enjeu du statut des femmes durant la période coloniale en Algérie", in: *Nouvelles Questions féministes*, 2008/3 (Band 27), S. 16–27 (DOI: 10.3917/ nqf.273.0016. URL: https://www.cairn.info/revue-nouvelles-questions-feministes-2008-3-page-16.html).

41 NATIONAL SECURITY COUNCIL, *National Security Memorandum. Implications of Worldwide Population Growth for U. S. Security and Overseas Interests*, 10. Dezember 1974, freigegeben im März 1989.

42 Françoise VERGÈS, *Le ventre des femmes.*

43 http://www.un.org/fr/sections/issues-depth/women/

44 Telegramm des State Departement an alle diplomatischen und konsularischen Posten. Zur internationalen Politik der 1970er Jahre in Sachen Feminismus vgl.: Karen GARNER, „Global Gender Policies in the Nineties", in: *Journal of Women's History*, 2012, Band 24, 4; Susan WATKINS, „Which Feminisms?", in: *New Left Review*, Januar–Februar 2018, 109, S. 5–72.

45 Sehr erhellend sind Jules Falquets Arbeiten zum Jahrzehnt der Frau, zur internationalen Geschlechterpolitik und zu den Folgen der Entwicklungspolitiken für die Frauen des Südens: Jules FALQUET, „Penser la mondialisation dans une perspective féministe", in: *Travail, Genre, Société*, 2011, 1, S. 81–98; dies., *De gré ou de force. Les femmes dans la mondialisation,* Paris: La Dispute 2008; dies., „L'ONU, alliée des femmes ? Une analyse féministe du système des organisations internationales", in: *Multitudes,* 11. Januar 2003, S. 179–191.

46 Jules FALQUET, „L'ONU, alliée des femmes ?"; Greta HOFMAN NEMIROFF, „Maintenant que les clameurs se sont tues, le jeu en valait-il la chandelle ?", in: *Recherches féministes,* 1995, 8 (2), S. 159–170.

47 Unter den zahlreichen Werken zur Neuorganisation rassifizierter weiblicher Arbeit seit den 1970er Jahren siehe: Ester BOSERUP, *Women's Role in Economic Development*, New York: St Martin's Press, 1970; Jules FALQUET, *Pax Neoliberalia. Perspectives fémi-*

nistes sur la (réorganisation de la) violence, Donnemarie-Dontilly: éditions IXe 2016; Laurent FRAISSE, Isabelle GUÉRIN, Madeleine HERSENT, *Femmes, économie et développement. De la résistance à la justice sociale*, Paris: IRD/ éditions Ères 2011; Rhacel SALAZAR PARRENAS, *Servants of Globalization. Women, Migration and Domestic Work*, Stanford: Stanford University Press 2001; Pun NGIA, *Made in China. Women Factory Workers in a Global Workforce*, Durham: Duke University Press 2005; dies., „Gender Alternatives in African Development: Theories Methods and Evidence", in: *Codesria*, 2005 (http://www.codesria.org/spip.php?article362&lang=en); zur Empowerment-Literatur, siehe Melinda GATES, *The Moment of Lift: How Empowering Women Changes the World*, New York: Flatiron Books 2019.

48 Vgl.: NATO/EAPR, *Femmes, paix et sécurité. Politique et plan d'action 2018. Organisation du traité nord-atlantique*, 11. Juli 2018 (https://www.nato.int/nato_static_fl2014/assets/pdf/pdf_2018_09/20181217_180920-WPS-Action-Plan-2018-fr.pdf). Die NATO verweist sogar auf die Einrichtung „eines Militärberaters für Genderfragen im internationalen militärischen Generalstab und eines Beratungskomitees aus Experten (Committee on Gender Perspectives), zur Förderung der Integration der Genderdimension in die Entwicklung, Umsetzung, Weiterverfolgung und Evaluierung von militärischen Politiken, Programmen und Operationen"; „l'OTAN doit devenir un protecteur majeur des droits des femmes", in: *Tribune de Genève*, 12. Dezember 2017.

49 Die großen internationalen Institutionen vertreten allesamt eine Politik, die Frauen bevorzugt, und betonen die Geschlechtergleichheit. Die Weltbank und der IWF haben das Argument der größeren Verantwortlichkeit von Frauen in den Jahren 1980–1990 weit verbreitet, um es in den Dienst ihrer Entwicklungspolitik und der Vergabe von Mikrokrediten zu stellen. Dabei werden die Politiken, die die Männer in die Arbeitslosigkeit trieben, die Gemeinschaftsbande zerrütteten, die systemische Gewalt und den Individualismus verstärkten, heruntergespielt und den Frauen die Aufgabe überantwortet, Sorge für die Gesellschaft zu tragen. Der Artikel „Empowering Women Is Smart Economics" von Ana Revenga und Sudhir Shetty ist in dieser

Hinsicht sehr aufschlussreich, denn er weist dem IWF all die Gewinne nach, die der Eintritt der Frauen in die Unternehmens- und Arbeitswelt der kapitalistischen Wirtschaft gebracht hat. Ana REVENGA, Sudhir SHETTY, „Empowering Women Is Smart Economics“, in: *Finance & Development*, März 2012 (http:/ww.imf.org/external/pubs/ft/fandd/2012/03/revenga.htm). Im Jahr 2014 beschrieb der Bericht des IWF *Gender at work: A Companion to the World Development Report on Jobs* die Hindernisse beim Zugang der Frauen zum Arbeitsmarkt und die Lohndiskriminierungen, unter denen sie leiden, und betonte die Ungleichheit der Geschlechter. Im Jahr 2018 erklärte Kristalina Georgieva, geschäftsführende Direktorin der Weltbank: „Keine Wirtschaft kann ihr wahres Potenzial erreichen, ohne dass Männer und Frauen voll und ganz daran beteiligt sind“, und im selben Jahr betonte das Institut de la Francophonie pour le développement durable, ein Subsidiärorgan der Internationalen Organisation der Frankophonie (OIF), die wesentliche Rolle der Frauen in der Entwicklung (http://www.mediaterre.org/actu,20180306233944,13.html).

50 Jules FALQUET, „Genre et développement : une analyse critique des politiques des institutions internationales depuis la Conférence de Pékin“, in: Fenneke REYSOO und Christine VERSCHUUR, *On m'appelle à régner. Mondialisation, pouvoirs et rapports de genre*, Genève: IUE 2003, S. 59–90.

51 Diese Worte verlieren im Französischen ihre Verweisungsmacht: In *empowerment* steckt *power*, eine Macht, allerdings ohne ein individuelles Subjekt; *capacity building* verweist auf die Psychologie, auf Selbsthilfemethoden und Selbstvertrauen als Hebel für Veränderung; *governance* ist ein von internationalen Institutionen wie dem IWF übernommener Begriff, der den Machtverlust der einzelnen Regierungen im Süden herunterspielen und aus einer „guten Regierung“, die nicht korrupt ist und die Gesetze der westlichen Demokratie akzeptiert, die Lösung für alle Ungleichheiten machen soll.

52 Elisabeth BADINTER, Régis DEBRAY, Alain FINKIELKRAUT, Elisabeth de FONTENAY, Catherine KINTZLER, „Foulard islamique: Profs, ne capitulons pas!“, in: *Le Nouvel Observateur*, 2. November 1989, abgedruckt in: *Comité Laïcité République*

(http://www.laicite-republique.org/foulard-islamique-profs-ne-capitulons-pas-le-nouvel-observateur-2-nov-89.html). Der offene Brief begann mit den Worten: „Die Zukunft wird zeigen, ob das Jahr des zweihundertjährigen Jubiläums das Münchener Abkommen für die republikanische Schule bedeutet hat. Es ist dienlich, sagen Sie, die Gemüter zu beruhigen, um den Fanatikern nicht in die Hände zu spielen. Sie hätten den schulischen und den sozialen Frieden durch einige kleine Zugeständnisse gerettet."

53 Archiv Bibliothèque Marguerite-Durand, eingesehen im März 2018.

54 Brief an die Partei „Les Verts", 30. Oktober 1989, Archiv Anne Zelinski, Bibliothèque Marguerite-Durand, eingesehen im März 2018.

55 Vgl. Ligue du droit des femmes, 8. Oktober 1989, 15. Oktober 1989, 6. November 1989, Archiv Anne Zelinski, Bibliothèque Marguerite-Durand, eingesehen im März 2018.

56 Parlamentsdebatte, in: *Journal officiel*, Nr. 86, 9. November 1989 (questions actuelles au gouvernement).

57 Timothée DUVERGER, „Le TOES 89 : l'économie alternative et l'altermondialisme", 9. August 2014 (https://ess.hypotheses.org/128).

58 Archiv Bibliothèque Marguerite-Durand, eingesehen im Februar 2018.

59 Der Text der Debatte wurde abgedruckt in: *Actualités Migrations*, 30. October–12. November 1989, Nr. 300, S. 6–13, hier S. 10.

60 Ebenda, S. 10.

61 2011 wurde Muhammad Yunus dann wegen Verdachts auf Missbrauch verhaftet.

62 Vgl. hierzu: Lila ABU-LUGHOD, *Do Muslim Women Need Saving?*, Cambridge: Harvard University Press 2013; Chandra Talpade MOHANTY, *Feminism Without Borders: Decolonizing Theory, Practicing Solidarity*, Durham: Duke University Press 2003; MWASI (Collectif), *Afrofrem*, Paris: Syllepse 2018; Raquel ROSARIO SANCHEZ, „S'il existe quelque chose comme le ‚féminisme blanc', l'idéologie de genre en est vraiment l'incarnation parfaite", 26. Juli 2017 (https://tradfem.wordpress.com/2017/08/01/sil-existe-quelque-chose-comme-le-%E2%80%89feminisme-blanc%E2%80%89-lideologie-de-lidentite-de-genre-en-est-vraiment-lincarnation-parfaite/).

63 Institut national de la statistique et des études économiques: https://www.insee.fr/fr/statistiques/1283207#titre-bloc-1

64 Vgl. Andi ZEISLER, *Wir waren doch mal Feministinnen: Vom Riot Grrrl zum CoverGirl: der Ausverkauf einer politischen Bewegung,* übersetzt von Anne EMMERT und Katrin HARLASS, Zürich: Rotbuchverlag 2017.

65 Interview mit Alice SCHWARZER: „Alice Schwarzer : aujourd'hui l'antiracisme prime sur l'antisexisme", geführt von Anne ROSENCHER, in: *Marianne,* 31. März 2016, marianne.net.

66 Ebenda.

67 Alice SCHWARZER, „The Perpetrators on NYE in Cologne Were Islamists", in: *Breaking World News,* DW.com, 15. Mai 2016.

68 Ebenda.

69 Khola Maryam HÜBSCH, „Nährboden für AfD-Parolen", in: *Qantara,* 2016 (https://de.qantara.de/inhalt/alice-schwarzer-der-schock-die-silvesternacht-von-koeln-naehrboden-fuer-afd-parolen).

70 Chimamanda Ngozi ADICHIE, *We Should All Be Feminists,* London: Fourth Estate 2014. [Deutsche Ausgabe: *Mehr Feminismus! Ein Manifest und vier Stories,* übersetzt von Anette GRUBE, Frankfurt am Main: Fischer 2015.] Das Buch steht immer noch auf Platz eins der Bestsellerliste von Amazon, wo auch T-Shirts für Frauen und Männer mit diesem Slogan verkauft werden.

71 „There is a structural prohibition (rather than merely a willful refusal) against whites being the allies of blacks due to this species division between what it means to be a subject and what it means to be an object: a structural antagonism." Christina SHARPE, *In the Wake,* Durham: Duke University Press 2016, S. 57. [A. d. Ü.: Die deutsche Übersetzung folgt der französischen, die „whites" mit „les Blancs" und „blacks" mit „les Noir.e.s" übersetzt.]

72 Sara Farris, auf die der Begriff „Femonationalismus" zurückgeht, analysiert seine Entwicklung in: *In the Name of Women's Rights. The Rise of Femonationalism* (wie Anm. 6); vgl. auch: Sara FARRIS, „Femonationalism and the ‚Reserve' Army of Labor Called Migrant Women", in: *History of the Present,* Band 2, Nr. 2, Herbst 2012, S. 184–199.

73 FARRIS, *In the Name of Women's Right,* S. 4.

74 Ebenda.

75 Vgl. hierzu: Esther M., „Reportage de la Caraïbe. Les Martiniquaises", in: *Histoires d'elles,* 1977, Nr. 5; „Martinique, une oppression doublée par la domination coloniale" in: *Cahiers du féminisme,* Juni–September 1979, Nr. 10, S. 37–39; *Nouvelles Questions féministes,* Frühling 1985, Nr. 9–10, koordiniert von Arlette Gauthier, „Antillaises".

76 Vgl. hierzu: Kristin ROSS, *Laver plus blanc, rouler plus vite. Modernisation de la France et décolonisation au tournant des années 60,* Paris: Flammarion 2006; Todd SHEPARD, *1962: Comment l'indépendance algérienne a transformé la France,* Paris: Payot 2012.

77 Bureau pour le développement des migrations dans les départements d'outre-mer, 1963–1981.

78 Vgl. Stéphanie CONDON, „Migrations antillaises en métropole", in: *Les Cahiers du CEDREF* [online verfügbar], 8–9/2000, ins Internet gestellt am 21. August 2009, eingesehen am 7. September 2017 (http://cedref.revues.org/196); vgl. auch: Bericht der ASSOCIATION GENERALE DES ÉTUDIANTS GUADELOUPEENS (AGEG), *L'émigration travailleuse guadeloupéenne en France,* Paris: L'Harmattan 1978; Pierre ÉVERARD, „L'intégration des infirmières antillaises dans les équipes soignantes des Hôpitaux de Paris", Magisterarbeit, Universität Lyon-II, 1983; Fred CONSTANT, „La politique française de l'immigration antillaise de 1946 à 1987", in: *Revue européenne des migrations internationales,* Band 3, Nr. 3, 4. Quartal 1987.

79 CONDON, „Migrations antillaises en métropole".

80 Ebenda.

81 Ebenda.

82 Vgl. THE BILL & MELINDA GATES FOUNDATION, „What We Do. Family Planning. Strategy overview" (https://www.gatesfoundation.org/fr/What-We-Do/Global-Development/Family-Planning).

83 Die nordamerikanische Bezeichnung „Women's Liberation Movement" wurde von Journalisten wörtlich übersetzt.

84 Ich kann hier nur einen kurzen Überblick über die vielen verschiedenen Gruppen des MLF geben.

85 Vgl. hierzu: *Algériennes en lutte. Bulletin du groupe de femmes algériennes,* Januar–Februar 1978; *Nosostras,* 1974–1976; Broschüre

der *Coordination des femmes noires,* 1978. In den 1980er Jahren nahm das Pariser Frauenhaus zahlreiche Frauengruppen auf, unter anderem solche, die sich als rassifiziert, queer und lesbisch bezeichneten. Die „Groupe du 6 novembre“, eine exklusiv weibliche politische Gruppe, entstand im November 1999 „durch das Aufeinandertreffen von lesbischen Frauen, deren Geschichte mit Sklaverei, Imperialismus, Kolonisierung, unfreiwilliger Migration in Verbindung stand und die in den angelsächsischen Ländern allgemein als ‚lesbians of color‘ bezeichnet werden“ (vgl. http:// espace-locs.fr/2017/06/). Immer mehr akademische Studien befassen sich mit diesen Gruppen; eine digitale Archivsammlung, bestehend aus textuellen und visuellen Dokumenten, wurde angelegt.

86 Jesse Jackson wies später darauf hin, dass der Hauptorganisator des Marsches, Bayard Rustin, mit Vorurteilen innerhalb der Bewegung zu kämpfen hatte, weil er homosexuell war (https://www.washingtonpost.com/lifestyle/style/women--nearly-left-off-march-on-washington-program--speaking-up-now/2013/08/22/54492444-0a79-11e3-8974-f97ab3b3c677_story.html?noredirect=on&utm_ter-m=.23c485166d0f).

87 Jennifer SCANLON, „Where Were the Women in the March on Washington?“, in: *The New Republic,* 16. März 2016 (https://newrepublic.com/article/131587/women-march-washington), zitiert in: Jennifer SCANLON, *Until There Is Justice*, New York: Oxford University Press 2016.

88 Vgl. Jeanne THEOHARIS, *The Rebellious Life of Mrs. Rosa Parks*, Boston: Beacon Press 2013.

89 Vgl. Claudia JONES, „Femmes noires et communistes, mettre fin à une omission“, in: *Période* (http://revueperiode.net/author/claudia-jones/). Vgl. auch: Carole BOYCE DAVIES, *Left of Karl Marx: The Political Life of Black Communist Claudia Jones,* Durham: Duke University Press 2007; Claudia JONES, *Ben Davis, Fighter for Freedom,* New York: New Century Publishers 1954; Claudia JONES, „The Caribbean Community in Britain“, in: *Freedomways,* Band 4 (Sommer 1964), 341–57; John H. MCCLENDON III, „Claudia Jones (1915–1964) political activist, black nationalist, feminist, journalist“, in: Jessie CARNEY SMITH (Hg.), *Notable Black American Women,* Band 2, New York: Gale Research Inc. 1996, S. 343–348.

90 Elsa DORLIN, *Se défendre. Une philosophie de la violence*, Paris: La Découverte 2017 („Prologue").

91 Jedenfalls kennt man ihre Namen nicht, auch wenn „Frauen aus Übersee" seit einigen Jahren bei offiziellen Anlässen und Kolloquien erwähnt werden.

92 Elaine BROWN, *A Taste of Power. A Black Woman's Story*, New York: Anchor Books 1994. Vgl. auch: Robyn C. SPENCER, *The Revolution Has Come. Black Power, Gender and the Black Panther Party in Oakland*, Durham: Duke University Press 2016.

93 Elaine BROWN, *A taste of Power*, S. 401.

94 Der vollständige Text der Broschüre „Coordination des femmes noires" (1978) ist verfügbar auf: https://drive.google.com/file/d/0B9hpOds0-6vyTVlMTmsyZ0w5LWc/view

95 Lucie SABAU, „AfroFem", feministoclic.olf.site, 15. September 2015.

96 Ebenda.

97 Luc VINOGRADOFF, „Marche contre ‚les féminicides' en Argentine et dans toute l'Amérique latine", in: *Le Monde*, 19. Oktober 2016 (https://www.lemonde.fr/big-browser/article/2016/10/19/greve-des-femmes-et-mercredi-noir-en-argentine_5016560_4832693.html).

98 Die folgenden Seiten stammen größtenteils aus meinem Beitrag „Toutes les féministes ne sont pas blanches ! Pour un féminisme décolonial et de marronnage", in: Ahmed BOUBEKER, Serge MBOUKOU (Hg.), *Philosophies des limites postcoloniales* (*Le Portique*, Nr. 39–40, 2017, S. 155–177).

99 „Valls évoque le sein nourricier de Marianne, la polémique enfle", in: *Ouest-France*, 30. August 2016. Siehe auch die Berichtigung der Historikerin Mathilde Larrère, die daran erinnert, dass sich die entblößte Brust von Marianne an antike Modelle anlehnt, dass sich ihre Darstellung im Laufe der Jahrhunderte verändert hat und sie nichts mit einer vermeintlichen Freiheit der Frau zu tun hat. Vgl. Assma MAAD, „La leçon d'une historienne à Manuel Valls après ses propos sur Marianne et le voile", in: *BuzzFeed*, 30. August 2016 (https://www.buzzfeed.com/assmamaad/une-historienne-repond-a-valls-sur-marianne-elle-a-le-sein-n?utm_term=.cgPqvrY7O#.fuwyBPWOL).

100 Der Name „Bikini" stammt von Louis Réard, der 1946 eine zweiteilige Badebekleidung, die in eine Streichholzschachtel passte, mit dem Slogan „Le bikini, la première bombe anatomique!" [„Der Bikini, die erste anatomische Bombe!"] vermarktet hat. Tatsächlich führte die USA 1946 auf dem Bikini-Atoll einen ersten Atomtest durch, dem weitere 23 Atomexplosionen folgen sollten; die Einwohner mussten auswandern. Die Insel ist immer noch unbewohnbar.

101 Vgl. LES DECODEURS, „Comment le ‚burkini' est devenu la polémique du mois d'août", 26. August 2016 (http://www.lemonde.fr/les-decodeurs/article/2016/08/26/comment-le-burkini-est-devenu-la-polemique-du-mois-d-aout_4988517_4355770.html); „Burkini : les islamistes sont contre", Jean-Claude KAUFMANN, Autor des Buches: *Burkini. Autopsie d'un fait divers*, in einem Interview des Nachrichtenprogramms *Soir 3*, 5. Juli 2017 (http://www.francetvinfo.fr/societe/religion/laicite/polemique-sur-le-burkini/); Frantz DURUPT, „Le tribunal administratif de Bastia valide l'arrêté ‚anti-burkini' de Sisco", in: *Libération*, 6. September 2016 (http://www.liberation.fr/burkini-polemique, 100641).

102 Julien VLASSENBROEK, Franceline BERETTI, „Femme en bikini agressée à Reims : analyse d'un emballement sur la Toile", in: *RTBF info*, 28. Juli 2015 (https://www.rtbf.be/info/medias/detail_femme-en-bikini-agressee-a-reims-analyse-d-un-emballement-sur-la-toile?id=9042079).

103 Ebenda.

104 „Algérie : la révolte du bikini s'étend", in: *LCI*, 3. August 2017; der Untertitel ist noch suggestiver: „ITSY BITSY – Seit dem letzten algerischen Staatsfeiertag am 5. Juli organisieren Frauen gemeinsame Ausflüge an die Strände des Nordens des Landes … im Bikini. Ein Mittel für sie, gemeinsam gegen sexuelle Belästigung und religiösen Druck zu kämpfen." „Itsy Bitsy" bezieht sich auf das Lied „Itsy Bitsy petit bikini" von Dalida: „Sur une plage il y avait une belle fille / Qui avait peur d'aller prendre son bain / Elle craignait de quitter sa cabine / Elle tremblait de montrer au voisin / Un deux trois elle tremblait de montrer quoi ? / Son petit itsi bitsi tini ouini, tout petit, petit, bikini". Vgl. auch: Claire TERVE et Sandra LORENZO, „Y-a-t-il eu vraiment une

révolte du bikini en Algérie ?", in: *Huffingtonpost*, 7. August 2017 (https://www.huffingtonpost.fr/2017/08/07/pour-lutter-contre-lislamisme-des-milliers-dalgeriennes-font_a_23068272/); Viviane FORSON, „Algérie : les secrets d'une campagne pro-bikini", in: *Le Point Afrique*, 27. Juli 2017 (http://afrique.lepoint.fr/actualites/algerie-les-secrets-d-une-campagne-pro-bikini-27-07-2017-2146299_2365.php); H. B., „Algérie : une ‚opération bikini' a-t-elle été organisée sur une plage de Kabylie?", in: *20 minutes*, 8. August 2017 (https://www.20minutes.fr/monde/2114367-20170807-algerie-operation-bikini-organisee-plage-kabylie); „Nouvelle opération ‚bikini' en Algérie", in: *BFMTV*, 7. August 2017 (https://www.bfmtv.com/international/algerie-nouvelle-operation-bikini-pour-resister-a-la-pression-religieuse-1231540.html); „Qu'est-ce que ‚la révolte du bikini' en Algérie ?", in: *BMFTV*, 7. August 2017 (https://www.youtube.com/watch?v=Isap-PrTzHfY&feature=youtu.be).

105 Amélie JAMES, „Algérie : qu'est-ce que la ‚révolte du bikini', mouvement citoyen et spontané", in: *RTL*, 8. August 2017.

106 Ebenda.

107 Ebenda.

108 Zohra ZIANI, „Polémique sur le bikini en Algérie : des femmes veulent tourner la page", in: *Libération*, 13. August 2107 (vgl. auch: http://www.leparisien.fr/societe/en-algerie-ces-femmes-se-battent-pour-porter-le-bikini-03-08-2017-7172766.php); Lina KENNOUCHE, „La révolution du bikini : de la grandeur à la misère du féminisme en Algérie", in: *Al-Akhbar.com*, 31. Juli 2017 (http://le-blog-sam-la-touch.over-blog.com/2017/07/la-revolution-du-bikini-de-la-grandeur-a-la-misere-du-feminisme-en-algerie-al-akhbar.com.html).

109 Ebenda.

110 Julia Zborovska verzichtete auf ihre Anonymität, indem sie die Fotos auf ihre persönliche Seite stellte, die ihren Namen trägt.

111 Zitiert in: Céline ROUSSEAU und Marc-Olivier FOGIEL, „Strasbourg : la justice saisie contre une femme qui critique les musulmanes voilées sur Facebook", in: *France Bleu*, 24. August 2017 (https://www.francebleu.fr/infos/faits-divers-justice/une-plainte-deposee-strasbourg-contre-une-femme-qui-critique-sur-facebook-les-musulmanes-voilees-1503594733, eingesehen am

23. August 2017). Das Collectif contre l'islamophobie en France reichte eine Klage gegen Julia Zborovska ein.

112 Ebenda.

113 Audre LORDE, „De l'usage de la colère", S. 2. [„Vom Nutzen unseres Ärgers", in: Dagmar SCHULTZ (Hg.), *Macht und Sinnlichkeit. Ausgewählte Texte von Audre Lorde und Adrienne Rich*, Berlin: Orlanda Frauenverlag 1993.]

114 Vgl. Céline PINA, „L'État doit dénoncer clairement l'association Lallab, laboratoire de l'islamisme", in: *Le Figaro*, 23. August 2017; Pina ist die Gründerin der Bewegung Vi(r)e la République, „eine laizistische und republikanische Bürgerinitiative, die dazu aufruft, gegen alle Totalitarismen und für die Wahrung des unentbehrlichen Universalitätsprinzips unserer republikanischen Werte zu kämpfen."

115 UN COLLECTIF, „Stop au cyberharcèlement contre l'association Lallab", in: *Libération*, 23. August 2017 (https://www.liberation.fr/debats/2017/08/23/stop-au-cyberharcelement-islamophobe-contre-l-association-lallab_1591443).

116 Das Spezifische der Stigmatisierung muslimischer Frauen ist auch weiterhin Gegenstand vieler Untersuchungen. Vgl. hierzu: Nacira GUENIF-SOUILAMAS, *Des „beurettes" aux descendantes d'immigrants nord-africains*, Paris: Grasset 1999; Nacira GUENIF-SOUILAMAS und Éric MACE, *Les Féministes et le garçon arabe*, La Tour d'Aigus: Éditions de l'Aube 2004; Asma LAMRABET, *Islam et Femmes : Les questions qui fâchent*, Casablanca: En toutes lettres 2017; Zahra ALI (Hg.), *Féminismes islamiques*, Paris: La Fabrique 2012 [Zahra ALI (Hg.), *Islamische Feminismen*, übers. von Christian LEITNER, Wien: Passagen ^{2}2017]. Ali erklärt in ihrem Buch, sie wolle einen „Überblick geben über die islamischen Feminismen, die mit dem Orientalismus und Rassismus brechen, die heute die Debatten und Kontroversen über die Frau und den Islam charakterisieren", und damit auf die Notwendigkeit hinweisen, „jedwede Lesart des Feminismus und des Islam zu dekolonisieren und zu desessentialisieren"; siehe auch die Berichte des CCIF (Collectif Contre l'Islamophobie en France).

117 Vgl. Mikelle STREET, „The world's first gender-neutral store just opened in Manhattan. Phluid Project wants to be a safe space – for clothes shopping", in: *Vice*, 22. März 2018

(https://i-d.vice.com/en_us/article/7xdvxy/phluid-project-gender-neutralstore-new-york).

118 „Empower individuals to be themselves. To express themselves openly, without judgement or fear" (https://www.thephluidproject.com/about).

119 Louise TOUPIN, *Le salaire au travail ménager. Chronique d'une lutte féministe internationale (1972-1977)*, Montréal: Editions du remue-ménage 2014.

120 Christine DELPHY, „Par où attaquer le ‚partage inégal' du ‚travail ménager' ?", in: *Nouvelles Questions féministes*, Band 22, Nr. 3, 2003, S. 47–71, hier S. 47.

121 Vgl. Louise TOUPIN, *Le salaire au travail ménager*; Mariarosa DALLA COSTA und Selma JAMES, *The Power of Women and the Subversion of the Community*, Edinburgh: Falling Wall 1975; Silvia FEDERICI, *Caliban und die Hexe, Frauen, der Körper und die ursprüngliche Akkumulation*, übersetzt von Max HENNINGER, Wien–Berlin: Mandelbaum 2017; Mariarosa DALLA COSTA und Selma JAMES, *Die Macht der Frauen und der Umsturz der Gesellschaft*, übersetzt von Gisela BOCK, Berlin: Merve 1973.

122 Louise TOUPIN, *Le salaire au travail ménager*, S. 311.

123 Silvia FEDERICI, „Salaire contre le travail ménager", in: COLLECTIF L'INSOUMISE (Hg.), *Le foyer de l'insurrection. Textes pour le salaire sur le travail ménager*, Carouge (Genf): Collectif l'Insoumise 1977.

124 Françoise EGA, *Lettres à une Noire. Récit antillais*, Paris: L'Harmattan 2000, S. 137.

125 CHAKAZ, „The Loss of the Body: A Response to Marx's incomplete analysis of estranged Labor", 24. Mai 2011 (https://chaka85.wordpress.com/2011/05/24/the-loss-of-the-body-a-marxist-feminist-response-to-estranged-labor/).

126 Interview mit David GRAEBER, „Il faut réimaginer la classe ouvrière", geführt von Jospeh CONFAVREUX und Jade LINDGAARD, in: *Médiapart*, 16. April 2018.

127 Ebenda.

128 Ebenda.

129 Vgl. Maya MIHINDOU, „Portrait de Fernande Bagou. Nous étions des mains invisibles", in: *Ballast*, 2018 (https://www.revue-ballast.fr/nous-etions-des-mains-invisibles/).

130 Ebenda.

131 „From Mozambique to Mexico, Domestic Workers are Fighting for their Rights – and Telling their Stories“, 19. Juni 2018 (http://www.wiego.org/blog/mozambique-mexico-domestic-workers-are-fighting-their-rights-%E2%80%94-and-telling-their-stories).

132 Laut Angaben des Unternehmens Onet waren 2016 „124 berufliche Erkrankungen zu verzeichnen (17 mehr als 2015), die 7092 Stunden Arbeitsausfall verursachten. Sie betreffen verschleißbedingte Erkrankungen des Bewegungsapparates, derzeit die wichtigste Ursache von Berufskrankheiten im Reinigungsbereich.“

133 Vgl. hierzu die Untersuchungen der Internationalen Agentur für Krebsforschung und des Europäischen Verbraucherverbands: „Studien belegen, dass es einen Zusammenhang gibt zwischen dem Auftreten und der Verschlimmerung von Asthma und der Verwendung von Ammoniak, Bleichmittel und Reinigungsmitteln, insbesondere in Form von Sprays“, vermerkt Nicole le Moual, Epidemiologin am INSERM, Spezialistin für Atemwegserkrankungen und umweltbedingte Gesundheitsprobleme. Nolwenn WEILER, „Femmes de ménage : un métier à hauts risques toxiques oublié par l'écologie“, in: *Bastamag*, 4. März 2014 (https://www.bastamag.net/Menace-chimique-pour-les-salarie-e).

134 Vgl. Jean-Michel DENIS, „Dans le nettoyage, on ne fait pas du syndicalisme comme chez Renault“, in: *Politix*, 2009, 1, Nr. 85, S. 105–126.

135 Synthèse de l'Observatoire de la propreté, Juni 2014 (http://obs-proprete.fr/pdf/E_HF_2014.pdf).

136 „Chiffres clés et actions prioritaires, Propreté et services associés“, in : *Le Monde de la propreté*, 2018, S. 4, 8, 9 (https://www.monde-proprete.com/taxonomy/term/778).

137 1999 dehnte sich das Unternehmen schließlich auf den europäischen Raum aus, indem es sich mit Gegenbauer-Bosse in Deutschland und OCS in England zusammenschloss. Damit verfügen die drei Unternehmen über einen Anteil von 10% des europäischen Markts in diesem Segment.

138 Die Zahlen stammen von der Webseite von Onet (https://fr.groupeonet.com/).

139 „Propreté et services“ (https://fr.groupeonet.com/Nos-metiers/Proprete-et-Services).

140 ONET, „Life Is Beautiful“, 20. Januar 2016 (https://www.youtube.com/watch?v=pSbLUVvn2lU).

141 „Madame Gueffar, ancienne salariée d'Onet (témoignage)“, in: *Fakirpresse*, 29. März 2016 (https://www.youtube.com/watch?v=W4kDpM1xvmA).

142 https://thewire.in/the-arts/when-artists-collectively-archive-labour

143 Arturo ESCOBAR, *Sentir-Penser avec la Terre. L'écologie au-delà de l'Occident*, Paris: Le Seuil 2018, übersetzt vom Kollektiv L'ATELIER LA MINGA, S. 180.

144 Auszug aus: „Manifeste de L'Atelier IV“, Performance, geleitet von Françoise Vergès, Paris, La Colonie, 12. Juni 2017.

Passagen Thema

Zahra Ali (Hg.)

Islamische Feminismen

Islamische Feminismen: ein Titel, der viele verstören wird, auch unter jenen, die sich frei von jedem Vorurteil glauben. Denn wie ein U-Boot taucht das Stereotyp „Islam=Unterdrückung der Frau" bald deutlich sichtbar an der Oberfläche des Diskurses auf, bald bleibt es in den Tiefen des Unbewussten verborgen.
Was in diesem Buch gezeigt wird, ist außerhalb der islamischen Welt kaum bekannt: dass auch in Ländern, deren vorherrschende Religion der Islam ist, gläubige Frauen für Gleichberechtigung kämpfen, ihre heiligen Schriften gegen das Patriarchat wenden und sich gegen politische und religiöse Autoritäten erheben, die die Rechte der Frauen zu beschränken versuchen. Von Ägypten bis in den Iran, von Marokko bis nach Syrien, in Frankreich, den USA und in Malaysia engagieren sich Forscherinnen, Intellektuelle und Aktivistinnen für einen feministischen Ansatz im Rahmen der muslimischen Theologie. Zahra Ali macht ihre Stimmen hörbar und eröffnet auf diese Weise zugleich eine Möglichkeit, den hegemonialen Feminismus zu entkolonialisieren.

Passagen Hefte

Alain Badiou

Traut den Weißen nicht!

„Gegenwartspolitik gibt es nur mit denen, die zu uns gekommen sind und das universale nomadische Proletariat repräsentieren."
Alain Badiou untersucht in Auseinandersetzung mit philosophischen, politischen und dichterischen Texten – unter anderem Derridas *Von der Gastfreundschaft* und Chamoiseaus *Migranten* –, wie es aktuell um die Sache des universalen nomadischen Proletariats steht. Ausgehend von dem französischen Phänomen der Gelbwesten und der Arroganz der Politikerkaste rückt Badiou den Gedanken in den Mittelpunkt, dass die Welt unsere Heimat ist und dass die sogenannten Migranten eine zentrale Rolle in der Gegenwartspolitik spielen. Das Ertrinken im Mittelmeer, die Festnahmen und Abschiebungen dürfen nicht länger geduldet werden. Gemeinsam mit dem universalen nomadischen Proletariat muss an einer Ethik des Welt-Lebens gearbeitet werden, an dem, was Badiou den neuen Kommunismus nennt.